Manual de GESTÃO HOSPITALAR

Manual de GESTÃO HOSPITALAR

Haino Burmester

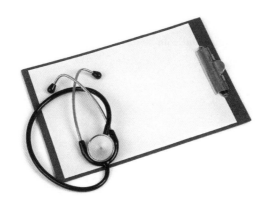

Copyright © 2012 Haino Burmester

Direitos desta edição reservados à
EDITORA FGV
Rua Jornalista Orlando Dantas, 9
22231-010 | Rio de Janeiro, RJ | Brasil
Tels.: (21) 3799-4427
editora@fgv.br | pedidoseditora@fgv.br
www.fgv.br/editora

Impresso no Brasil | *Printed in Brazil*

Todos os direitos reservados. A reprodução não autorizada desta publicação, no todo ou em parte, constitui violação do copyright (Lei nº 9.610/98).

Os conceitos emitidos neste livro são de inteira responsabilidade dos autores.

1ª edição — 2012; 1ª reimpressão — 2014; 2ª e 3ª reimpressões — 2017; 4ª reimpressão — 2020; 5ª e 6ª reimpressões — 2023.

Preparação de originais: Sandra Frank

Revisão: Aleidis de Beltran

Capa: aspecto:design

Imagem da capa:© Phartisan | Dreamstime.com

Diagramação: Leo Boechat

**Ficha catalográfica elaborada pela
Biblioteca Mario Henrique Simonsen / FGV**

Burmester, Haino
     Manual de gestão hospitalar / Haino Burmester. — Rio de Janeiro:
Editora FGV, 2012.
     228 p.

     Inclui bibliografia.
     ISBN: 978-85-225-1279-9

     1. Hospitais — Administração. 2. Gestão da qualidade total. 3. Saúde
— Administração. I. Fundação Getulio Vargas. II. Título.

CDD – 362.11

Sumário

Prefácio 7

Apresentação 9

Introdução 11

Parte I – Descrição do modelo de gestão usado como base metodológica 19

1. O movimento da qualidade na saúde e nos hospitais 21

2. Valores do modelo (os fundamentos da excelência) 29
Valorização das pessoas 29
Gestão centrada nos clientes 31
Foco nos resultados 32
Visão de futuro e longo alcance 33
Gestão baseada em processos e informações 33
Ação proativa e resposta rápida 34
Aprendizado contínuo 35
Responsabilidade social 36
Comprometimento da alta direção 37

3. Liderança 39
Sistema de liderança 40
Cultura da excelência 44
Análise crítica do desempenho global 55

4. Planejamento estratégico 59
Grupos de interesse e estratégias 60
Definições 62
Formulação das estratégias 66
Desdobramento das estratégias 72
Planejamento da medição do desempenho global 76

5. Relação com os clientes 79
Imagem e conhecimento do mercado 81
Relacionamento com os clientes 86

6. Relação com a sociedade 89
Responsabilidade socioambiental 91
Ética e desenvolvimento social 93

7. Informações e conhecimento 97
Informações da organização 98
Informações comparativas 102
Ativos intangíveis 106

8. Gestão de pessoas 109
Sistemas de trabalho 110
Educação, treinamento e desenvolvimento das pessoas 115
Bem-estar e satisfação das pessoas 119

9. Gestão de processos 125
Processos principais do negócio e processos de apoio 131
Processos de relacionamento com os fornecedores 133
Processos econômico-financeiros 137

10. Resultados 141
Resultados econômico-financeiros 144
Resultados relativos aos clientes e ao mercado 144
Resultados relativos à sociedade 145
Resultados relativos às pessoas 145
Resultados dos processos principais do negócio e dos processos de apoio 146
Resultados relativos aos fornecedores 148

Parte II – Roteiro de avaliação 149

Referências 209

Glossário 215

Anexo – Exemplos de valores, missões, visões e políticas gerais 223

Prefácio

O programa Compromisso com a Qualidade Hospitalar (CQH) da Associação Paulista de Medicina (APM) e do Conselho Regional de Medicina do Estado de São Paulo (Cremesp) está no 21º ano de sua existência e lança, agora, uma nova edição de seu *Manual de gestão hospitalar*. É com satisfação que prefaciamos esta edição, totalmente modificada e ampliada. Esta é apenas uma das várias publicações que o CQH coloca à disposição dos gestores da saúde no Brasil, cumprindo, com isso, sua missão de contribuir para a melhoria contínua da qualidade do atendimento nos serviços de saúde mediante metodologia específica. A metodologia específica encontra-se no conteúdo deste manual.

Nossa satisfação se deve, principalmente, ao fato de podermos atestar, ao longo desses 21 anos, o impacto do CQH no atendimento à saúde no Brasil. A contribuição do CQH tem sido lenta e continuada, sempre atuando como agente de mudanças que vieram para ficar. São mudanças alcançadas por meio de persuasão e absorção lentas e duradouras, que fazem com que os serviços de saúde incorporem, voluntariamente, essas mudanças em suas práticas gerenciais.

A APM e o Cremesp vêm cumprindo suas funções como representantes da sociedade civil organizada, principalmente ao colocar seus recursos a serviço desta mesma sociedade, defendendo para ela e por ela a necessidade de qualidade no atendimento à saúde. Por outro lado, também cumprimos nossa função de defender melhores condições de trabalho para os médicos e profissionais de saúde, pois não existe possibilidade de qualidade sem boas condições de trabalho.

Sentimo-nos à vontade e orgulhosos ao prefaciar esta edição do manual, cientes de sua utilidade e da contribuição que dará à comunidade, com os 20 anos de experiência em gestão da saúde nele contidos.

São Paulo, junho de 2012

Dr. Florisval Meinão
PRESIDENTE DA APM

Dr. Renato Azevedo Júnior
PRESIDENTE DO CREMESP

Apresentação

É com muita honra que fazemos a apresentação da nova edição do *Manual de gestão hospitalar*, modificada e ampliada. Esta honra se deve ao fato de que o manual apresenta o modelo de gestão que adotamos nos institutos do Hospital das Clínicas da Faculdade de Medicina da Universidade de São Paulo (HCFMUSP) há vários anos. Ou seja, também em gestão hospitalar o HCFMUSP cumpre sua missão de ser referência em ensino e pesquisa.

A interação do HCFMUSP com o CQH (Compromisso com a Qualidade Hospitalar, programa mantido pela Associação Paulista de Medicina e pelo Conselho Regional de Medicina do Estado de São Paulo), existe há vários anos pela atuação recíproca de vários de seus membros nas duas instituições, sendo que mais recentemente foi formalizado convênio que delineia a ação conjunta de ambas as organizações.

Podemos atestar que o uso desse modelo de gestão contribui para uma visão sistêmica e integrada da instituição, permitindo ao gestor orientar suas ações na busca da excelência. Pela adoção do modelo as atividades gerenciais convergem, não se permitindo a dispersão de energias pois, no mundo moderno, em que tudo acontece tão rapidamente, nunca foi tão necessário concentrar esforços e manter o foco.

Temos certeza de que no uso do *Manual* o leitor encontrará caminhos que o ajudarão na condução do dia a dia da sua própria organização. Não se trata de um texto acadêmico nem de pretensões eruditas, mas sim de um verdadeiro manual com exemplos de como resolver problemas. E é disso que as organizações de saúde no Brasil talvez mais precisem.

São Paulo, outono de 2012

José Manoel de Camargo Teixeira
SECRETÁRIO ADJUNTO DA SAÚDE DO ESTADO DE SÃO PAULO
E EX-SUPERINTENDENTE DO HCFMUSP

Introdução

Um manual de gestão, como o nome indica, deve fornecer informações de como fazer as coisas funcionarem administrativamente em uma organização; não se trata de uma receita, mas de proporcionar ao leitor aquilo de que ele precisa para atuar no dia a dia de sua organização. É o que este manual pretende: dar aos seus leitores uma orientação de como fazer as coisas de maneira sistêmica, integrada e coerente para buscar a excelência da gestão em sua organização de saúde. Trata-se de uma síntese de tudo aquilo que o administrador deverá fazer. No manual se encontra orientação para, praticamente, todos os desafios gerenciais com os quais o administrador de um serviço de saúde poderá se defrontar. Não são soluções pontuais, mas orientam o raciocínio do gestor, dando-lhe uma bússola para atuar. Estão aqui contemplados os ensinamentos de todas as escolas do pensamento administrativo, ou seja, o manual não segue nenhuma escola em particular, mas propõe ensinamentos considerados "universais"; não contempla formas de fazer as coisas de uma maneira em oposição à outra, mas sintetiza as diversas formas como o gestor pode ou deve agir. O leitor não encontrará, neste livro, profundas discussões acadêmicas sobre esta ou aquela abordagem para determinado problema, nem encontrará todas as possíveis versões existentes nos milhares de livros sobre liderança (um dos temas mais discutidos na literatura administrativa) ou sobre qualquer outro tema gerencial. Mas encontrará, aqui, as noções básicas necessárias para estruturar e desenvolver a liderança ou qualquer outro tema gerencial em sua organização. Nesse sentido o leitor sempre encontrará mais informação sobre gestão de pessoas em livros sobre gestão de recursos humanos ou assemelhados; idem para os demais temas tratados neste livro. O que se encontra aqui é a forma de estruturar a gestão nas organizações; a própria estrutura do livro sugere isto. Portanto, é só segui-la.

A nova edição deste manual, revista e atualizada, está dividida em duas partes: na primeira está a descrição do modelo de gestão usado como base metodológica; na segunda, o roteiro de avaliação, que transforma os conceitos apresentados na primeira parte em perguntas objetivas com três opções de resposta: "sim", "não" e "não se aplica" (quando não há necessidade de apresentar evidências de que dispõe do serviço). Este roteiro, proposto pelo programa CQH, serve para as organizações de saúde (principalmente hospitais) implantarem seu modelo de gestão. Portanto, o leitor muitas vezes encontrará menção a hospitais como local onde o modelo pode atuar e, em outros casos, se fará menção a organizações ou organizações de saúde como o objeto em foco.

Modelo de gestão e modelo de avaliação são duas faces de uma mesma moeda; servindo para avaliar significa que serve também para gerir e vice-versa.

Verificou-se uma longa e positiva evolução metodológica ao longo de vários anos do programa, evidenciada nas edições anteriores do manual. Com a atual metodologia, o programa contribui ainda mais com os hospitais, no sentido de oferecer-lhes um modelo de gestão sistêmico, integrado e coerente; dá, ao gestor hospitalar, um norte para sua ação gerencial e, como consequência, contribui para a melhoria contínua da qualidade assistencial. Esta tem sido a missão do CQH, desde o princípio, como pode ser observado na evolução do programa, apresentada a seguir. Na primeira parte do manual, o leitor adquirirá bases teóricas para entender o modelo de gestão proposto. Na segunda parte, terá um instrumento prático para ajudá-lo a implantar o modelo de gestão em seu hospital e fazer exercícios de autoavaliação. É importante para o leitor também acompanhar a leitura deste manual com o *Livro de casos práticos* (Burmester, 2009), em que estão relatadas experiências práticas no uso do modelo.

O programa tem feito parcerias importantes: com o Programa de Estudos Avançados em Administração Hospitalar e Sistemas de Saúde (Proahsa – FGV/HCFMUSP); com o Hospital das Clínicas da Faculdade de Medicina da Universidade de São Paulo; com a Fundação para o Prêmio Nacional da Qualidade (FPNQ) e com a Associação Brasileira de Medicina Preventiva e Administração em Saúde (Abrampas). O envolvimento das mantenedoras se deve ao fato de o programa contribuir para a melhoria das condições de trabalho nos ambientes em que os médicos exercem sua profissão ao mesmo tempo que exercem seu papel como cidadãos de entidades civis organizadas interessadas na melhoria das condições de saúde da população.

A ideia da criação do CQH foi inspirada nos trabalhos da Comissão Conjunta de Acreditação de Organizações de Saúde (CCAOS), dos Estados Unidos da América, e resultou de ampla discussão entre diversas entidades ligadas ao atendimento médico-hospitalar no estado de São Paulo, catalisada pelo Serviço de Vigilância Epidemiológica da Secretaria de Estado da Saúde. As reuniões iniciais para discussão do projeto em 1989/90 aconteceram na sede daquele órgão, na avenida São Luiz, e posteriormente seriam transferidas para a sede do Cremesp, na avenida Domingos de Moraes. Uma vez iniciado, o programa se estabeleceu na sede da APM, na avenida Brigadeiro Luiz Antônio, onde permanece até hoje. Vários participantes daquelas reuniões iniciais representam hospitais ou entidades a eles ligadas e que até hoje estão filiados ao programa.

Após um projeto-piloto em abril de 1991, o CQH iniciou suas atividades em julho do mesmo ano, com o encaminhamento de comunicação a todos os hospitais do estado de São Paulo (aproximadamente 800, na época), informando sobre os objetivos do programa, sua metodologia e convidando-os a se filiarem mediante o preenchimento de um termo de adesão. Aproximadamente 200 hospitais responderam de alguma forma a esse apelo inicial e 120 iniciaram ativamente sua participação. Anos depois, o número caiu para 80 e hoje está fixado em torno de 200 participantes, sendo alguns de fora do estado de São Paulo.

O objetivo do programa é contribuir para a melhoria contínua da qualidade nos serviços de saúde por meio de uma metodologia específica, que vem a ser o modelo de gestão aqui apresentado. O programa estimula a participação e a autoavaliação, tendo um componente educacional muito importante. Por ser um programa de adesão voluntária, espera-se que os serviços de saúde se envolvam, visando o aprimoramento de seus processos de atendimento para obter melhores resultados. O CQH não é classificatório e, desse modo, não há preocupação com a identificação dos melhores ou dos piores hospitais e não há, também, preocupação com a classificação deles de maneira a distingui-los uns dos outros. A preocupação básica é que todos os hospitais consigam, através de sua vinculação ao programa, elevar a qualidade do atendimento, seja ele prestado a pacientes particulares ou de hospitais estatais; de pequeno, médio ou grande porte ou, ainda, de porte extra; localizados na capital ou no interior dos estados. A preocupação do programa é a de que a pequena Santa Casa do interior possa oferecer qualidade equivalente aos hospitais dos grandes centros, na medida em que responda às necessidades da população a que presta atendimento. Nessa busca o CQH é parceiro dos hospitais; não há preocupação em fiscalizar ou julgar os serviços de saúde, mas sim ajudá-los a, proativamente, melhorar suas práticas gerenciais.

Talvez se esteja cometendo um erro ao se utilizar a palavra "modelo" para designar a descrição do que aqui se propõe. Mas na falta de um termo melhor para identificar o que se pretende, continuar-se-á utilizando esta palavra para designar uma síntese daquilo que faz um gestor no seu dia a dia; um resumo do que seja fazer administração, sem identificação com esta ou aquela escola de pensamento administrativo. Modelos são representações simplificadas da realidade que se pretende analisar; concentram-se no que é essencial e ignoram o que é acessório. Mapas geográficos são bons exemplos de modelos do espaço geográfico que descrevem: o mundo, um país ou uma cidade. Eles são representações simplificadas, que não contêm todos os detalhes do espaço; se os contivessem, teriam de ser feitos à escala de 1:1 e, então, não seriam de utilidade. O que deve ser mantido e o que deve ser retirado de um modelo? O que pode ser útil numa situação, não o será em outra. Para um viajante que se desloca entre duas localidades, um mapa da estrada ajudará a encontrar o melhor caminho se contiver as estradas. Muitas informações sobre as montanhas, clima ou tipo de vegetação só serviriam para complicar a busca pelo melhor caminho. Contudo, existem mapas que se concentram nos detalhes do relevo ou da divisão política de um determinado território. Os detalhes do relevo, por exemplo, não são úteis para encontrar a estrada que melhor conduz de uma cidade a outra, mas para escolher o percurso por onde poderá ser desenhada uma nova estrada. Nesse caso, o grau de detalhe é importante.

O modelo de gestão utilizado pelo CQH está baseado na metodologia de avaliação da Fundação Nacional da Qualidade, a qual, por sua vez, está fundamentada na metodologia do Malcolm Baldrige National Quality Award, dos Estados Unidos. Variações dessa metodologia têm sido usadas para avaliação de empresas com a finalidade de concessão de prêmios nacionais de qualidade em, aproximadamente, 50 países, todos seguindo o mesmo modelo, preconizado pelo Prêmio Deming, do Japão. Grandes empresas transnacionais se têm utilizado desta metodologia, não só para avaliação de seu desempenho, mas, principalmente, como modelo de gestão em busca da excelência gerencial. Como exemplo de empresas que usam tal modelo de gestão, podem-se citar as ganhadoras do Prêmio Nacional da Qualidade: IBM, Xerox do Brasil, Citibank, Serasa, Alcoa, Companhia Petroquímica do Sul, WEG Motores, Siemens, Caterpillar Brasil, Gerdau e Cetrel S. A., entre outras. Na área da saúde podem-se citar aquelas empresas que tornaram público o uso do modelo: Hospital das Clínicas da Faculdade de Medicina da Universidade de São Paulo, Hospital das Clínicas da USP de Ribeirão Preto, Santa Casa de Porto Alegre e outros, principalmente no Rio Grande do Sul, onde o Programa Gaúcho de Qualidade e Produtividade, baseado na mesma metodologia, criou uma massa crítica de cultura organizacional voltada para o uso do modelo. Atualmente, os aproximadamente 200 hospitais participantes do CQH também utilizam o modelo, uma vez que a metodologia do programa está baseada no seu uso. Pela disseminação do modelo de gestão o CQH acaba se tornando num ambiente propício para organizações interessadas realizarem *benchmarking* com outras similares.

Também o Programa de Qualidade e Participação na Administração Pública (GesPública), coordenado pela Secretaria de Gestão do Ministério do Planejamento, utiliza esta metodologia como instrumento de avaliação da gestão pública no Prêmio Qualidade do Governo Federal. Como se vê, empresas pequenas, médias e grandes, públicas, privadas e organizações não governamentais, de serviços ou manufatureiras, todas se beneficiam do uso desta metodologia gerencial.

A metodologia é de domínio público, podendo, qualquer pessoa que se interesse utilizá-la. A missão da Fundação Nacional da Qualidade, que a dissemina no Brasil, é

> promover a conscientização para a qualidade e produtividade das empresas produtoras de bens e serviços e facilitar a transmissão de informações e conceitos relativos às práticas e técnicas modernas, e bem-sucedidas, de gestão da qualidade, inclusive com relação aos órgãos da administração pública, através do Prêmio Nacional da Qualidade [Fundação Nacional da Qualidade, 2007a].

O CQH, por meio de seu Prêmio Nacional de Gestão em Saúde (PNGS), está inserido na rede nacional de prêmios da FNQ.

O uso da metodologia pelo CQH advém da convicção de que os hospitais, do ponto de vista gerencial, são iguais a qualquer outra empresa. A empresa é vista como uma organização sistêmica integrada, coerente em si mesma e que deve buscar sua sustentabilidade. Nesta concepção, entram insumos no sistema (recursos humanos, financeiros e materiais), que são processados numa estrutura (física e organizacional) para produzirem saídas, resultados e impacto no meio ambiente (consultas, altas, cirurgias, dietas, curativos, testes psicológicos etc.). O processo de atendimento médico-hospitalar transforma os insumos em saídas, resultados e impactos.

16   Manual de gestão hospitalar

O modelo reflete a experiência, o conhecimento e o trabalho de pesquisa de muitas organizações e especialistas do Brasil e do exterior. Ele serve para avaliar, diagnosticar, orientar e gerir qualquer tipo de organização, em função da sua flexibilidade, simplicidade e, principalmente, por não prescrever ferramentas e práticas de gestão. Os oito critérios de excelência do PNQ são aqui chamados de *elementos do modelo de gestão* e se encontram representados no diagrama abaixo: liderança, estratégias e planos, clientes, sociedade, informação e conhecimento, pessoas, processos, resultados da organização (ver figura 1). Nesta introdução se discutirão apenas alguns aspectos dos elementos do modelo, que serão apreciados com mais detalhes ao longo do manual.

Figura 1
Representação gráfica do modelo de gestação do CQH

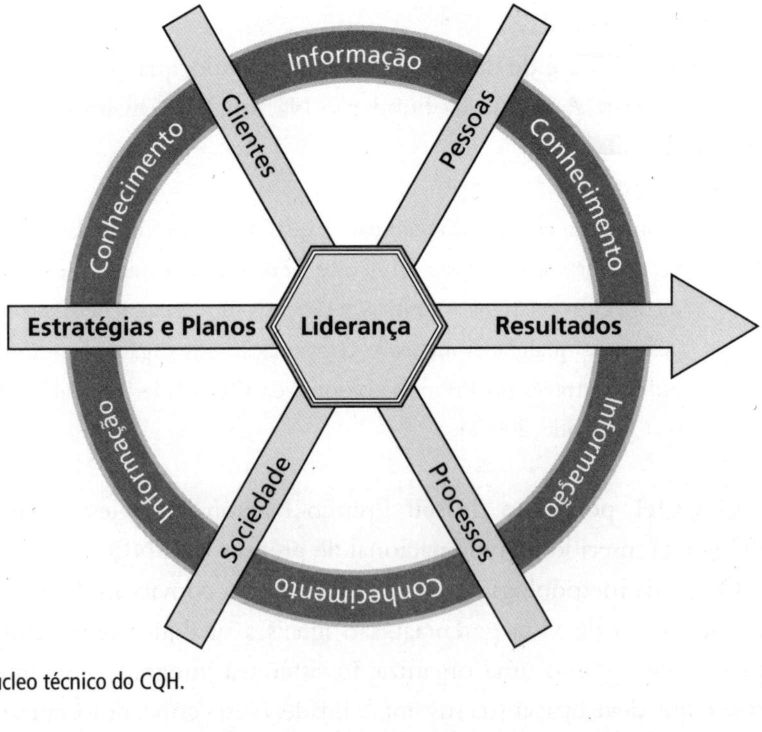

Fonte: Núcleo técnico do CQH.

A partir das necessidades e expectativas dos *clientes* e da *sociedade*, a *liderança* estabelece as *estratégias* a serem seguidas, praticando e vivenciando os valores da organização. Cabe à liderança disseminar e impulsionar, principalmente pelo exemplo, a cultura da excelência formulada, direcionando o desempenho e a operacionalização das estratégias por meio de planos de ação que servem como referência para a tomada de decisão e para a alocação de recursos na organização. É também a liderança que faz o planejamento do sistema de medição do desempenho global da organização. Sistemas de liderança fortes fazem instituições fortes, enquanto que líderes fortes e autoritários fazem ditaduras. O sistema de liderança deve ser forte (não autoritário) o suficiente para garantir a perenidade e a consecução dos objetivos da organização. O sistema de liderança está acima dos líderes, mas são eles os responsáveis pela perpetuidade e pelos resultados da organização, analisando-os criticamente, de maneira a tomar as ações requeridas para correção das estratégias.

Os *clientes* e a *sociedade* são a razão de ser de qualquer empresa, pública ou privada. Existem aqueles que argumentam, no caso de uma empresa privada, serem o lucro e a satisfação dos acionistas o principal objetivo dela. Contudo, sem clientes ou sociedade não há lucro nem satisfação de acionistas. No caso da empresa pública *o lucro é social* e a satisfação dos "acionistas" se materializa na preservação do Estado e do governo. Portanto, as necessidades dos clientes devem ser apuradas para que os serviços do hospital possam atendê-las e agregar-lhes valor, conquistando e retendo usuários. No caso de hospitais públicos, muito se ouve falar a respeito das filas e de uma demanda constante que invalidaria maiores considerações com os pacientes e suas necessidades, principalmente no caso de usuários do SUS, que se contentariam com muito pouco. Isso não invalida o raciocínio, uma vez que mesmo os hospitais públicos atuam num mercado onde as influências mútuas com o setor privado são evidentes.

As *pessoas* executam os *processos* planejados pela liderança para o atendimento médico-hospitalar, identificando as melhores alternativas de captação e aplicação de recursos, transformando-os em serviços que agreguem valor para o usuário, cliente, paciente ou consumidor desses serviços. São as pessoas que, num hospital mais do que em qualquer outra organização, fazem a diferença, porque os serviços são prestados por pessoas, para pessoas doentes, ou que se sentem doentes e, portanto, mais vulneráveis e suscetíveis.

Por fim, os *resultados* da organização servem para acompanhar o desempenho, a eficiência, a eficácia e a efetividade da gestão. Os resultados são avaliados em função dos grupos de interesse que existem em qualquer organização. Avaliar desempenho significa comparar indicadores com metas estabelecidas durante a definição das estratégias e planos, para eventuais correções ou para reforço das ações implementadas. É aqui que as *informações* e o *conhecimento* da organização são também fundamentais para que se façam as

18   Manual de gestão hospitalar

correlações necessárias para a análise crítica do desempenho e se possa constatar se os planos de ação previstos no planejamento foram realizados.

É importante destacar a função de aprendizado contida no modelo. Hospitais que se aproximam da excelência gerencial são aqueles que usam muito
esta função e aprendem pela análise constante de seus processos. Significa que
têm muitos ciclos de controle e aprendizado, girando rapidamente e aprendendo com seus próprios erros. Os oito elementos do modelo são subdivididos em 26 itens que, por sua vez, são subdivididos em 64 tópicos.

Deixamos aqui nossos agradecimentos à Polyanna Lucinda Bossi pela
ajuda na leitura e crítica do manuscrito original desta obra.

Parte I
Descrição do modelo de gestão usado como base metodológica

1
O movimento da qualidade na saúde e nos hospitais

Historicamente pode-se situar a preocupação com qualidade nos serviços de saúde em tempos imemoriais. É pouco provável que, mesmo nos primórdios do que seriam serviços de saúde, se atuasse sobre um ser humano sem ter maior preocupação com a qualidade do resultado desse trabalho. A qualidade, como já dizia Aristóteles, deve ser um hábito que se aprende por treinamento e repetição, e não consequência de uma ação pontual. Portanto, qualidade é fruto de um processo continuado que nunca acaba; fala-se na busca contínua da qualidade como sendo uma jornada sem fim. Em todos os novos patamares de qualidade alcançados, novos desafios devem se apresentar, levando os objetivos sempre para horizontes mais distantes. São importantes esses conceitos para que não se pense a qualidade como uma ação acabada a ser alcançada, mas sim como consequência de um processo em contínuo desenvolvimento; daí a importância da adoção de um modelo de gestão que precisa ser acompanhado e monitorado constantemente. Qualidade não pode ser buscada como resultado de ações mágicas e imediatas. Ela será sempre consequência de trabalho duro e perseverante, sem atalhos ou soluções simplistas.

Na antiga Grécia, há inúmeros exemplos do que teriam sido serviços de saúde que prestavam atendimento de excelente qualidade.

> Florence Nightingale, na metade do século XIX, lançou as bases da moderna profissão de enfermagem, desenvolvendo um processo de atendimento que visava (e visa ainda hoje) o máximo em qualidade [Felicissimo, 2002:23].

Os conceitos mais recentes de gerência com qualidade foram desenvolvidos principalmente na União Japonesa de Cientistas e Engenheiros por W. Edwards Deming (controle estatístico da qualidade), por Joseph M. Juran (importância das pessoas na revolução de qualidade japonesa) e por Kaoru Ishikawa (controle da qualidade total). Estas iniciativas, que fizeram parte do esforço de recuperação do Japão após a II Guerra Mundial, se disseminaram primeiro para os EUA e daí para o mundo todo, a partir da década de 1950.

A indústria de serviços de saúde, como sempre muito lenta em incorporar novos desenvolvimentos em técnicas e métodos administrativos, só respondeu no final da década de 1960, começo da década de 1970. É preciso mencionar os trabalhos de Avedis Donabedian, um pediatra armênio que se radicou nos Estados Unidos, como o pioneiro do setor. Os EUA já tinham visto esforços para melhorar seus hospitais e faculdades de medicina, desde o início do século XX, com os trabalhos de Codman (sistema de padronização de resultados da atividade hospitalar de 1910), Flexner (revisão e análise da qualidade da formação médica) e do Colégio Americano de Cirurgiões, mas foi Donabedian quem primeiro se dedicou, de maneira sistemática, a estudar e publicar sobre qualidade nos serviços de saúde. A ele se seguiram vários outros autores, entre os quais é importante destacar Donald M. Berwick, com seus trabalhos no Hospital Geral de Massachusetts e no Programa de Assistência Médica da Kaiser Permanente. Dos esforços do Colégio Americano de Cirurgiões resultou, no início da década de 1950, a formação da Comissão Conjunta de Acreditação Hospitalar, que mais recentemente passou a se chamar Comissão Conjunta de Acreditação de Organizações de Saúde (CCAOS). Deve-se destacar, também nos EUA, a criação, em 1995, do Prêmio Nacional da Qualidade na Área de Saúde, baseado no Prêmio Nacional da Qualidade Malcolm Baldrige daquele país.

No Brasil, a partir de 1995 o Programa Gaúcho de Qualidade e Produtividade, baseado no Prêmio Nacional da Qualidade, desenvolveu, inclusive entre hospitais do Rio Grande do Sul, uma cultura organizacional voltada para a qualidade gerencial. A CCAOS inspirou programas como o CQH (também influenciado pelo programa de qualidade do Hospital da Universidade Johns Hopkins), criado em 1991, e o Programa de Acreditação Hospitalar da Organização Pan-Americana da Saúde que, no Brasil, se materializou na Organização Nacional de Acreditação, em 1999.

Também é importante destacar os esforços que fizeram, na década de 1960, os antigos institutos brasileiros de aposentadorias e pensões (IAPs, precursores do SUS e do INSS), que prestavam assistência à saúde de trabalhadores de diversas categorias profissionais, para avaliar, classificar e credenciar hospitais. Na década de 1970 esses sistemas se unificaram no Relatório de Classificação Hospitalar (Reclar), utilizado para avaliar a contratação de leitos hospitalares pelo Instituto Nacional de Assistência Médica da Previdência Social (Inamps).

Assim também é preciso lembrar os esforços de Carlos Gentile de Melo, que criou, na década de 1970, a primeira comissão de controle de infecção hospitalar em hospital público – o Hospital da Lagoa, do Inamps, no Rio de Janeiro. Em São Paulo, Antonio Tadeu Fernandes criou em 1979, no Hospital do Sepaco, a primeira comissão de controle de infecção hospitalar em hospital particular. O controle da infecção hospitalar é um importante componente do movimento da qualidade na indústria da saúde.

Donabedian (1990) absorveu, da teoria de sistemas, a noção de indicadores de estrutura, processo e resultado do atendimento hospitalar, que se tornou clássica nos estudos de qualidade em saúde. A estrutura física, organizacional, de equipamentos e de recursos humanos pode gerar indicadores, como número de funcionários por leito, enfermeiros por leito etc. O processo diz respeito ao atendimento médico, de enfermeiros e de outros profissionais que interferem no diagnóstico ou na terapêutica, gerando indicadores como os ligados ao uso de antibióticos (percentual de pacientes usando; percentual de uso profilático), percentual de condutas invasivas comparado com tratamentos conservadores etc. Os mais comuns e valorizados atualmente são os indicadores relacionados com as saídas do sistema: os produtos, os resultados e o impacto ou efeito. Os indicadores do produto final podem ser identificados nos números de pacientes saídos do sistema, curados ou não; com sequelas ou não. O resultado disso pode ser expresso no número de pacientes que retornam à vida econômica ativa e dos que ficam dependentes de alguma ajuda da sociedade. E, por fim, no impacto do retorno do paciente à atividade econômica. Com frequência se diz que a qualidade do atendimento médico-hospitalar deveria ser medida, antes de tudo, pelos produtos resultantes de sua ação: óbitos ocorridos e suas causas, casos de infecção hospitalar, números de erros no atendimento; cirurgias realizadas etc.

Em resumo, os antecedentes das práticas contemporâneas de gestão para a qualidade em saúde têm três origens genéricas: o método científico, as associações profissionais e os modelos industriais, com destaque para a gestão para a qualidade total (CQT) e para a melhoria contínua da qualidade (MCQ).

Segundo Gilmore e Novaes (1997), os serviços de saúde e a Organização Mundial da Saúde definem qualidade do atendimento médico-hospitalar em função de um conjunto de elementos: alto nível de excelência profissional, uso eficiente dos recursos, um mínimo de riscos, assim como um alto grau de satisfação dos pacientes e um impacto final na saúde. A melhor definição de qualidade na verdade não existe. É extremamente difícil chegar a um consenso quanto ao que constitui boa qualidade da assistência, por causa dos valores inerentes implícitos numa definição. Assistência médico-hospitalar não é um conceito unitário, e sua multidimensionalidade explica parcialmente a existência das muitas definições e várias abordagens para mensurar o que seja qualidade da assistência.

De Geyndt (1995) aconselha abandonar o debate sobre a definição de qualidade da assistência médico-hospitalar para se concentrar no que se espera em termos de qualidade. Também é importante que, apesar das múltiplas definições possíveis, haja um consenso quando da implantação de um programa para que todos os envolvidos tenham um mesmo entendimento (acerca) de que qualidade se está falando no contexto desse programa. O CQH considera que dois pontos são importantes na definição da qualidade: que esta seja medida em função de indicadores previamente definidos; e que seja adaptada aos usos e costumes locais, isto é, que não haja preocupação em defini-la baseado no que é possível fazer em contexto diferente daquele no qual se atua. Ou seja: o que é bom num lugar não necessariamente o será em outro.

A CCAOS dos EUA usa, hoje em dia, o conceito de desempenho institucional, que é mais preciso do que a palavra qualidade. A informação sobre o desempenho institucional se pode usar para avaliar a qualidade, e a CCAOS dá informação sobre as dimensões desse desempenho: fazer o correto (eficácia e adequação) e fazer o correto corretamente (disponibilidade, pontualidade, efetividade, segurança, eficiência, respeito e cuidado em geral com que se prestam os serviços). O Prêmio Malcolm Baldrige para Saúde (Prêmio Nacional da Qualidade dos EUA) usa os seguintes critérios para classificar a melhor instituição de saúde (Baldrige National Quality Program, 2006): o desempenho da alta administração; como são coletadas e analisadas as informações; como são feitos o planejamento estratégico, o desenvolvimento e a gestão dos recursos humanos e a gestão dos processos; os resultados do desempenho da instituição; a satisfação dos pacientes e outros beneficiários. Esses são, aproximadamente, os critérios de excelência exigidos pela Fundação para o Prêmio Nacional da Qualidade para premiar as empresas brasileiras, que serão vistos em detalhes ao longo deste manual, uma vez que a metodologia do CQH está baseada nesses critérios. O Prêmio Codman, oferecido pela CCAOS, também para classificar essas instituições, considera os seguintes critérios: o envolvimento da alta administração, o uso de dados para medir desempenho, os aspectos técnicos do desempenho, o processo de planejamento, a análise dos dados, as ações para melhoria da qualidade e os resultados do desempenho.

Como se vê, a avaliação da qualidade no atendimento médico-hospitalar é um conceito amplo e abrangente. Ele se desenvolveu nos últimos anos à luz do movimento da qualidade. Esse movimento é um ciclo na evolução do pensamento administrativo que, como os demais ciclos, também passará e deixará alguma contribuição. Assim foi com as chamadas escolas de administração científica, do comportamentalismo, da administração sistêmica etc. No caso do presente movimento, os elementos possivelmente incorporados de maneira definitiva à qualidade do atendimento médico-hospitalar serão: as assim chamadas ferramentas da qualidade, absorvidas de outras ciências (PDCA, diagrama de Pareto,[1] diagrama de causa e efeito etc.) para o planejamento e a análise de problemas; a revisão por pares e auditores; a avaliação feita pelos clientes interno e externo; o controle da infecção hospitalar (cujas origens são anteriores ao movimento da qualidade atual); a gerência de risco, tão desenvolvida nos EUA como forma de minimizar a ameaça dos processos pela assim chamada má prática hospitalar e, por fim, as avaliações externas, chamadas de certificação, acreditação etc.

O CQH faz parte desse componente, do chamado movimento da qualidade no atendimento médico-hospitalar. Embora o objetivo básico do CQH seja o estímulo à melhoria contínua da qualidade em todos os hospitais, o selo concedido aos hospitais de acordo com as normas do programa ou o reconhecimento pelo Prêmio Nacional em Gestão de Saúde (PNGS) acaba se constituindo em uma forma de certificação. Ao estimular a melhoria contínua da qualidade no atendimento médico-hospitalar o programa está, basicamente, preocupado com o desempenho e os resultados reais apresentados pelos hospitais. Desempenhos e resultados são o que, em última análise, contam. Procedendo assim, o CQH está ajudando os hospitais a cumprirem sua função social e seu compromisso com a comunidade servida por eles. Por outro lado, o CQH está estimulando organizações criativas e inovadoras a aceitarem o desafio de serem avaliadas por uma entidade externa para a qual abrem voluntariamente suas portas, permitindo que seus processos e sistemas internos fiquem disponíveis ao escrutínio desta entidade. O resultado desta atividade para a comunidade é que esse hospital passa a ter algum aval quanto à qualidade de sua assistência. O CQH por si só não garante a qualidade em

---

[1] Atribuída ao economista italiano Vilfredo Pareto, que em suas pesquisas concluiu serem, para qualquer empreendimento humano, 80% dos resultados devidos a 20% dos esforços. Ver, também, capítulo 11.

determinado hospital; esta será produto de uma série de fatores que, conjugados e estando conformes com as normas do programa, poderão criar condições para que a qualidade se desenvolva em determinada instituição. O CQH fornece diretrizes para que os hospitais desenvolvam seus programas e focalizem seus esforços em práticas administrativas eficientes e eficazes visando a melhoria contínua da qualidade.

Naturalmente, esse processo exige grande dose de maturidade, respeito e dignidade. É um processo de crescimento tanto para os avaliadores como para os avaliados, do ponto de vista institucional, pessoal e profissional. No bojo desse processo se desenvolvem intrincadas relações, cuja sinergia e resultados podem ser evidenciados pelas mudanças observadas nos hospitais participantes. Também tem ficado evidenciado que a estabilidade organizacional e gerencial é fator preponderante na qualidade dos serviços prestados pelos hospitais.

Está claro que não existe um único modelo para fazer avaliação ou para práticas da qualidade em saúde ou, ainda, para estimulá-la. Os melhores resultados virão de um conjunto de ações, de preferência integrado. A função de polícia do Estado, através da vigilância sanitária para concessão de alvarás e outras autorizações de funcionamento, é necessária, mas não suficiente. Na mesma linha estão as ações fiscalizadoras dos órgãos profissionais. Programas como o CQH complementam essas ações porque pressupõem uma atitude proativa e voluntária das instituições, em busca da qualidade.

A qualidade hospitalar não pode ser entendida como um fim em si mesma, mas como consequência de modelos de gestão e assistencial integrados, coerentes e sistêmicos. Desta maneira, sugere-se que os assim chamados "programas de qualidade" sejam transformados em estímulo à melhoria contínua da qualidade por meio da aplicação de modelos de gestão e assistencial definidos. De modo geral, hospitais têm seus modelos assistenciais melhor definidos, ficando a dificuldade na questão gerencial. A gestão hospitalar ainda tende a seguir o que poderia ser chamado de "modelo médico de gestão", por ser hegemônico o poder médico dentro dessas instituições. O modelo de gestão hospitalar tem de seguir uma lógica administrativa; o modelo assistencial seguirá a lógica médica.

Falar de qualidade em hospitais hoje significa falar em modelo de gestão, como têm apregoado os teóricos da moderna administração. É preciso, portanto, não ceder ao fascínio de modismos e enfrentar a dura realidade de que qualidade se consegue com a adoção de um modelo de gestão sistêmico, integrado e coerente, cujos resultados só se farão sentir no longo prazo.

A implementação desse modelo demanda tempo e acompanhamento, antes que resultados possam ser contabilizados. Trata-se de incorporar modernas técnicas de gestão ao segmento da saúde, mesmo em hospitais públicos e essas técnicas podem e devem ser copiadas de outros ramos da atividade econômica. Estudo recente, encomendado pelo Congresso dos EUA, sobre reforma do sistema de saúde naquele país, tinha, como uma de suas primeiras recomendações, o uso de técnicas gerenciais bem-sucedidas fora do setor saúde. Desta forma, um modelo de gestão aplicado a um hospital, como já se viu anteriormente, deverá contemplar:

- elementos relacionados à liderança do hospital;
- elementos ligados ao planejamento estratégico, de maneira a conduzir o hospital a uma administração estratégica;
- aspectos ligados ao marketing e à epidemiologia, de maneira que o hospital se preocupe com seus clientes e com o mercado no qual está inserido (mesmo hospitais públicos têm de se preocupar com o mercado no qual atuam);
- aspectos ligados à informação como elemento necessário para a análise crítica dos resultados e subsídios para o planejamento;
- a gestão do recurso humano, nuclear na realização de todas as ações no hospital;
- a gestão dos processos de atendimento realizados no hospital.

Na gestão dos processos está a maior diferença entre hospital e empresas de outras áreas da atividade econômica. É aqui que se propõem ações concretas para orientar hospitais na sua preocupação com qualidade. Talvez a principal seja englobar todas as iniciativas existentes no hospital, dentro de um sistema de qualidade que não seja atribuição específica de nenhuma pessoa, nem de nenhum grupo, mas preocupação de toda a instituição, pois qualidade é consequência de uma ação coletiva e não do "departamento da qualidade", ou da "gerência de qualidade", ou do "grupo da qualidade", ou de qualquer outra denominação que se queira dar a algumas pessoas que teriam preocupação com o tema. Todos na organização têm de ter preocupação com o assunto, e o principal executivo é o "gerente da qualidade", "diretor da qualidade" ou "chefe do grupo da qualidade".

Para acompanhar a gestão dos processos deve-se criar um sistema que englobe:

- padronização de condutas médicas e administrativas por meio de protocolos baseados em evidências clínicas e manuais de rotinas e procedimentos;
- revisão de óbitos e outros eventos-sentinela, dentro do conceito de gerência de risco;
- ações de acompanhamento ético profissional;
- acompanhamento específico para o controle das infecções hospitalares;
- outras medidas mais específicas e consequentes às propostas acima.

Por fim, qual o estímulo para que os gestores se motivem para a mudança e busquem aumentar a qualidade de seus serviços? A motivação pecuniária sempre aparece em primeiro lugar como proposta de estímulo e se faria pela remuneração diferenciada para aqueles que apresentassem mais qualidade nos seus serviços, comprovada por meio de indicadores. Embora tentadora, esta proposta deve ser revista por sua simplicidade e diante de exemplos passados, quando foi geradora e alimentadora de corrupção. É bem verdade que os controles de hoje são outros, mais eficientes para evitar a corrupção. Porém, outras formas de estímulo devem ser buscadas – mais instigantes, criativas, desafiadoras e compatíveis com a complexidade da gestão dos hospitais que, hoje, atendem (ou não) ao SUS. A Associação Médica Mundial recomenda que, na avaliação da qualidade dos serviços de saúde, não estejam envolvidos interesses comerciais. Isto posto, pode-se começar a falar sobre o modelo de gestão.

2
Valores do modelo (os fundamentos da excelência)

"Valores organizacionais são entendimentos e expectativas que descrevem como os profissionais da organização se comportam e sobre os quais todas as relações organizacionais estão baseadas".[2] São crenças da organização que orientam seus membros sobre como agir em momentos de dúvida, da mesma forma que os valores pessoais ajudam as pessoas a se posicionarem diante de incertezas e dificuldades. O modelo de excelência do Prêmio Nacional da Qualidade foi desenvolvido e alicerçado em um conjunto de valores ou fundamentos observados em uma série de organizações bem-sucedidas gerencialmente. Esse conjunto de valores ou fundamentos do modelo representa aquelas características diferenciais das instituições com práticas de excelência.

De modo geral pode-se dizer que todas as organizações atuam em função de valores mais ou menos definidos e explicitados. O modelo de gestão proposto defende a necessidade de a alta cúpula disseminar claramente os valores da organização, de maneira que todas as pessoas envolvidas com ela os conheçam e pautem neles sua ação. Os valores fazem parte da cultura organizacional e a moldam. Em princípio, a aplicação do modelo de gestão pressupõe que as organizações sigam alguns fundamentos da excelência, de que trataremos em seguida, para que o método proposto funcione de maneira integrada.

Valorização das pessoas

Não é à toa que esse fundamento encabeça a lista. As organizações e os hospitais, mais do que qualquer outra empresa, são feitos de pessoas. São as pessoas que trabalham num e noutro hospital, que os diferenciam entre si. Num mundo competitivo em que tecnologias estão ao alcance de quem

---

[2] Fundação Nacional da Qualidade (2007a). Este conceito será visto com mais detalhes no capítulo 3 (Liderança).

tiver dinheiro para comprá-las (e se não tiver dinheiro, poderá financiá-las), assim como a construção de instalações físicas também está ao alcance de todos, o fator diferencial entre empresas é o potencial humano de que ela dispõe. São as pessoas que podem criar novas condições para a empresa, adaptando-a e flexibilizando-a conforme as necessidades do meio ambiente. Portanto, valorizar as pessoas deve ser mais do que uma figura retórica de efeito demagógico. É preciso que seja entendido que a empresa depende de pessoas para formar sua força de trabalho, sem a qual ela nada produzirá. Isso sem falar nas pessoas que constituem o mercado comprador. Valorizar as pessoas significa permitir que elas desenvolvam todo seu potencial humano e profissional dentro da empresa, a fim de que elas possam se realizar integralmente. O sucesso de uma organização depende, cada vez mais, do conhecimento, das habilidades, da motivação e da criatividade de sua força de trabalho. Por sua vez, o sucesso das pessoas depende, cada vez mais, das oportunidades para aprender, experimentar novas habilidades e utilizar a criatividade. As organizações necessitam investir continuamente no desenvolvimento das pessoas por meio de educação, de treinamento e de novas oportunidades de crescimento profissional. Essas oportunidades podem incluir:

- treinamento em salas de aula e na execução da atividade;
- rodízio de funções;
- remuneração baseada no conhecimento, na habilidade e na criatividade.

O treinamento na execução da atividade oferece uma forma eficaz de reduzir o custo de treinamento e de melhorar sua integração com os processos de trabalho. Os programas de educação e treinamento podem requerer a utilização de tecnologias avançadas, como sistemas eletrônicos de apoio, aprendizado informatizado ou telecursos. O treinamento, o desenvolvimento e a organização do trabalho precisam, cada vez mais, ser ajustados à diversidade de pessoas e às práticas de trabalho mais flexíveis e de alto desempenho. Além disso, os aspectos de remuneração baseada em resultados, de "empregabilidade", de saúde e segurança no trabalho e de envolvimento nos processos de planejamento estratégico, decisório, de padronização de rotinas, de definição de necessidades de treinamento e melhoria contínua, entre outros, devem ser enfatizados. Os maiores desafios, no que se refere ao desenvolvimento de pessoas, são:

- a integração das práticas de recrutamento, seleção, desempenho, reconhecimento, treinamento, progresso profissional, substituição e afastamento;
- a gestão da mudança, ou seja, o alinhamento da gestão de pessoas com os processos de mudança estratégica.

A abordagem desses desafios requer a utilização de informações relativas ao conhecimento, habilidades, criatividade, satisfação, motivação, prevenção de acidentes de trabalho e bem-estar das pessoas. Essas informações devem estar vinculadas a indicadores que reflitam a satisfação de clientes e a produtividade da força de trabalho. Através desse enfoque, a gestão de pessoas pode ser melhor integrada e alinhada às estratégias da organização.

Gestão centrada nos clientes

Em segundo lugar, mas não menos importante, vem a valorização dos clientes que compram os serviços do hospital, dando-lhe viabilidade financeira. A empresa existe porque existem clientes para comprar sua produção; caso contrário não haveria razão de ser para ela. São as necessidades e expectativas dos clientes que devem servir de base para o planejamento estratégico dos hospitais. A qualidade é inerente ao serviço, mas julgada pelo cliente. Não existe "o cliente que não consegue captar a nossa qualidade". Assim, a qualidade deve levar em conta todas as características básicas e relevantes dos serviços que adicionam valor para o cliente, intensificam sua satisfação e determinam sua preferência. Muitos fatores podem afetar o valor percebido e a satisfação dos clientes, influenciados que são pelas experiências vividas no processo de compra e utilização dos serviços adquiridos. Esses fatores incluem, principalmente, o relacionamento entre a organização e o cliente, o que conduz à confiança, fidelidade e lealdade. Gestão centrada no cliente abrange não somente as características dos serviços que atendem a requisitos básicos, mas também características relevantes que os diferenciam dos concorrentes. Tal diferenciação pode ser obtida pela oferta de novos serviços, serviços customizados, rapidez nas respostas ou relacionamentos especiais. Gestão centrada no cliente é, pois, um conceito estratégico, voltado para a retenção de clientes ou a conquista de novas fatias do mercado, demandando sensibilidade constante em relação às novas exigências dos clientes e do mercado, bem como identificação de fatores que promovam a satisfação e a retenção dos clientes. Exige, também, resposta rápida e flexível aos requisitos dos clientes e do mercado, sensibilidade quanto ao desenvolvimento da tecnologia e às ofertas dos concorrentes. Gestão centrada no cliente significa muito mais do que simplesmente a redução de erros e defeitos, do que o mero atendimento às especificações ou a redução de reclamações. De qualquer forma, a redução de erros e defeitos e a eliminação das causas de insatisfação contribuem significativamente para a percepção da qualidade pelo cliente e são, desse modo, parte importante da qualidade centrada no cliente. Além disso, o êxito obtido pela organização ao se recuperar de erros e defeitos, corrigindo-os, evitando sua repetição e compensando o cliente por eventuais falhas é crucial para o relacionamento com os clientes e sua retenção.

Foco nos resultados

Um sistema de gestão para a excelência do desempenho precisa ter seu foco nos principais resultados da organização. Os resultados demonstram, de forma objetiva, a eficácia na aplicação de métodos e práticas consideradas excelentes pela organização, além do sucesso na implementação da estratégia. Os resultados têm de ser orientados e balanceados de acordo com os interesses de todas as partes interessadas – clientes; força de trabalho; proprietários, cotistas ou acionistas; fornecedores; parceiros; e a sociedade como um todo. Para atender aos objetivos, algumas vezes conflitantes e em constante mudança, é requerido que a estratégia da organização aborde explicitamente as necessidades de todas as partes interessadas, a fim de assegurar que as ações e os planos atendam a estas diferentes necessidades e evitem impactos adversos. A utilização de um conjunto balanceado de indicadores de desempenho oferece um meio eficaz para:

- comunicar as prioridades de curto ou longo prazo;
- promover o alinhamento da estratégia em toda a organização;
- monitorar o desempenho global da organização;
- analisar de forma estruturada os resultados e propor melhorias nos processos.

Visão de futuro e longo alcance

A busca da liderança de mercado requer uma forte orientação voltada para o futuro e a disposição de assumir compromissos de longo prazo com todas as partes interessadas: clientes, força de trabalho, acionistas, fornecedores, a comunidade e a sociedade. O planejamento precisa antever muitas mudanças, como as relativas às expectativas dos clientes, novas oportunidades de negócio, desenvolvimentos tecnológicos, novos segmentos de clientes, novas exigências regulamentares, expectativas comunitárias e da sociedade, pressões da concorrência, além das mudanças nas relações e na força de trabalho. É necessário que a estratégia, os planos de ação e a alocação de recursos estejam alinhados em toda a organização e reflitam esses compromissos e mudanças. Parte relevante de tais compromissos em longo prazo refere-se ao desenvolvimento da força de trabalho e aos fornecedores, bem como ao cumprimento de responsabilidades públicas.

Gestão baseada em processos e informações

As organizações modernas dependem do conhecimento profundo de seus processos e resultados e, portanto, da medição e da análise para poder administrá-los e tomar as decisões necessárias. As medições precisam ser uma decorrência da estratégia da organização, abrangendo seus principais processos e resultados. As informações necessárias para a avaliação e melhoria do desempenho incluem, entre outras, as relacionadas com o cliente e o mercado, o desempenho dos serviços e dos processos organizacionais, os fornecedores, as pessoas e os aspectos financeiros. A análise dessas informações significa extrair delas conclusões mais relevantes para apoiar a avaliação e a tomada de decisão nos vários níveis da organização. Tal análise implica a utilização de informações para determinar tendências, projeções e relações de causa e efeito, nem sempre tão evidentes. Esse conjunto de medições, informações e análises é básico para o planejamento, análise crítica do desempenho da organização, melhorias das operações e comparações com a concorrência ou com referenciais de excelência, isto é, os que possuem as "melhores práticas" ou os "melhores desempenhos". Uma consideração importante para a gestão baseada em fatos envolve a criação e a utilização de indicadores de desempenho para avaliar produtos, processos e operações. Os indicadores de desempenho devem ser selecionados para representar, da melhor forma possível, os fatores que levam à melhoria do desempenho organizacional. Um sistema de

34 Manual de gestão hospitalar

indicadores vinculados à estratégia representa uma base clara e objetiva para alinhar todas as atividades e processos com a estratégia e as metas da organização. Através da análise das informações obtidas durante o monitoramento dos processos, os próprios indicadores podem ser a base para esse alinhamento.

Ação proativa e resposta rápida

O sucesso em setores competitivos requer sempre ciclos cada vez menores de introdução de serviços novos, ou melhorados, no mercado. Além disso, a capacidade de resposta rápida e flexível no atendimento aos clientes constitui, hoje, um requisito crucial na gestão dos hospitais. Melhorias relevantes no tempo de resposta frequentemente exigem que a estrutura e os processos de trabalho sejam simplificados. Assim, as medições dos tempos nos ciclos de controle e aprendizado dos processos devem ser enfatizadas e consideradas entre os principais indicadores de desempenho. Existem, ainda, outros importantes benefícios resultantes desse enfoque. As melhorias obtidas no tempo são acompanhadas de melhorias simultâneas em qualidade e produtividade. Por essa razão, o tempo de resposta deve ser integrado com os indicadores de qualidade e de produtividade. Os hospitais devem enfatizar a proatividade e a prevenção de problemas e de desperdício, e o momento mais adequado para a aplicação desses enfoques é o projeto de novos serviços e de processos. Em geral, os custos de prevenção de problemas nos estágios de projeto são muito mais baixos do que os custos associados à correção de problemas que ocorrem nos estágios subsequentes. A preocupação com o desempenho no estágio de projeto inclui a criação de processos e serviços que atendam àquilo de que o cliente necessita. Para atender às rápidas e contínuas mudanças nas necessidades dos clientes e do mercado, as organizações necessitam promover a "engenharia simultânea", isto é, a integração de todos os envolvidos. Cada vez mais o bom desempenho nos serviços depende da capacidade da organização em utilizar informações, coletadas de diversas fontes e bases de dados, que combinem fatores como preferências dos clientes, ofertas da concorrência, mudanças no mercado e descobertas oriundas de pesquisas externas à organização. Ênfase adicional deve ser dada ao aprendizado obtido com o desenvolvimento de projetos anteriores. Como já foi dito, o enfoque proativo abrange tanto ações corretivas para evitar a repetição de falhas quanto ações preventivas para evitar a ocorrência de falhas potenciais, inclusive no que tange aos fornecedores da organização. Esse enfoque conduz ao máximo de benefícios em termos de custo e de desempenho do produto.

Aprendizado contínuo

Atingir os mais altos níveis de desempenho requer métodos e processos bem-executados voltados para o aprendizado. O termo "aprendizado" refere-se à adaptação às mudanças, resultando em novos enfoques e/ou metas. O aprendizado precisa estar impregnado na forma de funcionamento da organização. Isto significa que o aprendizado:

- faz parte do trabalho diário de todos os setores;
- busca eliminar problemas em suas origens;
- é motivado pela oportunidade de executar uma atividade de uma forma melhor, bem como pelos problemas que precisam ser corrigidos.

Sugestões das pessoas, pesquisa e desenvolvimento, informações dos clientes e comparação com referenciais de excelência são fontes de aprendizado, que inclui:

- aumento da percepção do valor pelo cliente através de serviços novos e melhorados;
- desenvolvimento de novas oportunidades de negócio;
- redução de erros, defeitos, desperdícios e dos respectivos custos associados;
- rapidez de resposta e redução do tempo de ciclo;
- aumento da produtividade e eficácia na utilização de todos os recursos;
- melhoria no desempenho da organização, no cumprimento de suas responsabilidades públicas e no exercício da cidadania.

Desse modo, o aprendizado é direcionado não somente para a busca por melhores serviços, mas também pela necessidade de ser mais ágil, flexível e eficiente nas respostas, conferindo à organização vantagens adicionais de desempenho.

Responsabilidade social

Esse valor às vezes é confundido, no caso de organizações sociais, com a própria missão nobre dela. A alta direção da organização, através da liderança, deve enfatizar as responsabilidades sociais e o exercício da cidadania pelo hospital. A responsabilidade social refere-se às expectativas básicas da organização quanto aos aspectos legais, atenção à saúde pública, segurança e proteção ambiental. O enfoque relativo à saúde, segurança e proteção ambiental deve levar em conta o impacto externo das operações da organização, bem como o ciclo de vida dos serviços. Alguns fatores, como a conservação de recursos e a redução de rejeitos na origem, precisam ser considerados. O planejamento, no tocante à saúde pública, segurança e proteção ambiental, deve prever impactos adversos que poderiam decorrer das instalações, uso e descarte ou reciclagem final dos produtos utilizados no hospital. Os planos de ação devem buscar a prevenção dos problemas, mas também devem considerar a implementação de processos que propiciem reações imediatas, caso algum problema ocorra, tornando disponíveis ao público as necessárias informações para mantê-lo consciente, seguro e confiante. A inclusão de áreas de responsabilidade social como critério de desempenho organizacional implica não somente o atendimento de todas as exigências legais e regulamentares (municipais, estaduais e federais), mas também que tais exigências e outros requisitos semelhantes sejam tratados como oportunidades para melhoria contínua, além da mera conformidade. Isto requer que indicadores adequados sejam criados e utilizados na gestão do desempenho. O exercício da cidadania refere-se à liderança e ao apoio a objetivos de interesse social, abrangendo também os aspectos acima mencionados de responsabilidade social. Tais objetivos poderão incluir a melhoria na educação, assistência médica, excelência na proteção ambiental, conservação de recursos naturais, serviços comunitários, melhoria das práticas organizacionais, intercâmbio de informações não confidenciais relacionadas com a qualidade, a promoção da cultura, do esporte e do lazer (eventos ou outras iniciativas) e do desenvolvimento nacional, regional ou setorial. A liderança, no que diz respeito à boa cidadania, implica influenciar outras organizações, públicas ou privadas, a se tornarem parceiras para atingir esses propósitos. Por exemplo, uma organização pode conduzir esforços para ajudar a comunidade a definir as necessidades, os direitos e os deveres dos cidadãos.

Comprometimento da alta direção

A liderança da alta direção no estabelecimento de valores claros e visíveis e na definição formal da missão e da visão da organização é a força propulsora para o engajamento de todos. O reforço dos valores e das expectativas requer comprometimento e envolvimento pessoal. Os valores e as expectativas devem levar em conta todas as partes interessadas, ou seja: clientes; força de trabalho; acionistas, cotistas ou proprietários de um modo geral; fornecedores, parceiros; e a sociedade como um todo. Todos os membros da alta direção precisam tomar parte na criação de estratégias, sistemas e métodos para alcançar a excelência e desenvolver a capacitação da organização. Essas estratégias e valores devem orientar todas as atividades e decisões da organização. A alta direção precisa estar comprometida com o desenvolvimento de todas as pessoas que trabalham no hospital, estimulando a participação, o aprendizado e a criatividade. Através de seu envolvimento pessoal em atividades como planejamento, comunicações, análise crítica do desempenho da organização e reconhecimento dos resultados obtidos pelas pessoas, a alta direção serve como modelo a ser imitado, reforça os valores e encoraja a liderança e a iniciativa na organização como um todo.

3
Liderança[3]

Quando se fala em liderança, vem logo à cabeça a figura do líder: carismático, messiânico ou salvador da pátria; o líder herói. A sociedade gosta de criar heróis e superestimar o valor de um indivíduo, mitificando-o; parece que isto lhe dá segurança, na dependência do mito.

Aquela pessoa que resolve tudo, que é responsável por tudo e sem cuja presença nada acontece só existe no realismo fantástico e na mente daqueles que se locupletam afagando personalidades vaidosas, ou nas próprias personalidades vaidosas. Quantas vezes já se ouviram expressões como: "sem mim nada acontece neste hospital; tudo para". Estas pessoas pensam estar exaltando sua competência e realçando o fato de que são imprescindíveis. Nada mais falso e de sentido deturpado. Às vezes, esta dependência nada mais é do que justificativa para, inconscientemente, se criar o caos na organização que "necessita" do líder para "sobreviver"; esse líder emerge na crise para "salvar" a organização. Se o hospital depende de uma pessoa para sobreviver, estará mal quando esta pessoa não estiver presente. Logo, hospitais de sucesso não dependem de um líder para sobreviver, mas de um sistema de liderança forte, que tenha no líder (nos vários líderes) seu principal executor, defensor e disseminador. São sistemas de liderança fortes que fazem instituições fortes; líderes fortes e autoritários fazem ditaduras nas organizações, assim como nas nações. Em momentos de crise ou de transição, contudo, pode ser importante a presença do líder carismático que, simbolizando os ideais do grupo, ajude-o a superar a crise; nesses momentos o líder herói se torna na referência a ser seguida. Passada a crise, a organização precisará de outro tipo de liderança, que lhe assegure estabilidade.

É no sistema de liderança e na cultura da excelência que se define a identidade da organização, a qual será base para seu processo de planejamento e gestão estratégicos. É a partir dessa base que se conhecem as condições atuais do hospital, que servirão como ponto de partida para onde se quer chegar. Os valores, a missão e as políticas básicas (ou gerais) do hospital devem definir

---

[3] FNQ (2007b).

o que a organização realmente é no presente; e a visão, o que ela quer ser no futuro. A gestão estratégica está relacionada com os propósitos, significados, valores e virtudes da organização e, nesse sentido, constitui sua base filosófica. A missão se realiza pela execução do plano operacional, enquanto que a visão pelo plano estratégico.

Com muita frequência se confundem estas definições de valores, missão, visão, objetivos e filosofias da empresa. Indiferentemente dos nomes que sejam dados a esses conceitos, o importante é que eles estejam presentes na base das atividades da empresa, que haja perfeita compreensão do que eles significam e que, em sintonia, sejam praticados.

Ao modelo de gestão não importa a interminável discussão acerca de os lideres poderem ser treinados ou já nascerem feitos; ou as teorias que procuram explicar o papel dos líderes nas empresas e seu componente motivador da força de trabalho. O modelo considera importantes três itens para a boa prática da liderança: o sistema de liderança, o estímulo à cultura de excelência e o preparo da liderança para fazer análise crítica do desempenho global do hospital.

Sistema de liderança

Por sua própria natureza o sistema de liderança é definido no nível estratégico da organização. É, portanto, uma decisão que vem de cima para baixo, sem participação dos níveis operacionais. Contudo, o sistema de liderança não terá força nem legitimidade sem que haja uma ampla disseminação e apropriação dos conceitos básicos dele emanados em todos os níveis da organização, que devem incorporá-los e praticá-los no dia a dia, a partir do exemplo da alta cúpula. No roteiro de visitas do CQH, o sistema de liderança está avaliado a partir de perguntas que visam identificar: a autoridade máxima do hospital e o compartilhamento dela num sistema de governança definido; se o organograma está formalmente descrito, é do conhecimento de todos na organização e representa a realidade; as habilitações dos executivos; e como o modelo assistencial integra as diversas atividades da instituição. Pela importância do serviço de enfermagem (geralmente o maior contingente da força de trabalho e único a permanecer ininterruptamente no hospital), pesquisa-se sobre suas condições de poder na estrutura organizacional. Segundo o modelo de gestão proposto, o sistema de liderança compreende: exercício de liderança; governança; gestão de riscos empresariais; tomada, comunicação e implementação de decisões; identificação e desenvolvimento de líderes potenciais; avaliação de líderes.

Exercício da liderança

A ação da liderança deve promover o equilíbrio e a harmonia no relacionamento das partes interessadas, de modo a assegurar o comprometimento de todos com a missão e a visão da organização. As partes interessadas têm interesses legítimos no sucesso da organização, embora, muitas vezes, eles sejam conflitantes. Para isso é importante que a liderança interaja diretamente com as partes interessadas por meio de práticas definidas de forma objetiva e sem filtros de triagem. As partes interessadas em um hospital geralmente estão representadas pelos pacientes e acompanhantes; pelas pessoas que trabalham na organização (profissionais de saúde em geral e de apoio administrativo); pelos donos, sócios, cotistas, cooperados, conselhos de administração nas organizações privadas não lucrativas ou o Estado, este no caso de organizações estatais, e outras circunstanciais.

Governança

É um sistema administrativo e de controles exercidos sobre a gestão da organização pelos acionistas, proprietários, conselhos de administração, diretorias e executivos. Tem como princípios básicos: transparência, equidade, prestação de contas e responsabilidade corporativa. Suas tarefas básicas são: análise dos objetivos estratégicos, avaliação e monitoramento do desempenho da organização como um todo, planejamento da sucessão, auditorias independentes, compensação dos executivos, gestão dos riscos empresariais etc. Em resumo, a governança é fundamental para a efetividade organizacional, uma vez que ela atua no nível estratégico das organizações.

Gestão dos riscos empresariais

Risco é a probabilidade de ocorrência de um determinado evento indesejável e de suas consequências. Cabe à liderança implantar mecanismos para identificar, analisar e tratar (minimizar) os riscos empresariais mais significativos que possam prejudicar a imagem e a capacidade de a organização realizar sua missão. O Instituto Brasileiro de Governança Corporativa (IBGC)[4] classifica os riscos possíveis em qualquer organização como:

---

[4] O IBGC é uma instituição privada, sem fins lucrativos, que se dedica ao estudo e à pesquisa ligados às funções da governança nas empresas.

- *de negócios ou setoriais*: são os relacionados com o setor saúde como um todo e podem estar ligados a mudanças de tecnologia, formação da mão de obra, entre outros;

- *políticos, legais ou regulatórios*: são os ligados a fatores externos às organizações e dependem do Estado e de suas instituições como Anvisa, ANS e outras;

- *estratégicos*: são aqueles associados às escolhas estratégicas feitas pelas organizações;

- *financeiros*: são os riscos de mercado e aqueles ligados à liquidez das operações. Por exemplo: organizações de saúde que abrem seu capital podem ter dificuldades em manter o valor de suas ações;

- *operacionais*: são devidos a falhas operacionais por problemas de sistemas, de gerenciamento, de segurança, erros humanos, fraudes, catástrofes ambientais e outros. São aqueles inerentes aos procedimentos, resultados imprevistos ou indesejáveis etc. Neles estão englobadas as possíveis ações assistenciais feitas com imperícia, negligência ou imprudência. Convém lembrar que as organizações de saúde operam em uma atividade dita de meios, sem garantia de resultados positivos, o que complica o entendimento deste item.

Diante desses possíveis riscos, recomenda-se a estruturação da gestão de riscos de forma a tentar evitá-los ou minimizá-los. Uma estrutura para gestão de riscos trará os seguintes benefícios para a organização:

- maior controle;
- diminuição das crises e de seus impactos;
- diminuição da ocorrência de surpresas e problemas;
- proteção contra perdas catastróficas;
- atendimento à regulação;
- maior previsibilidade;
- aumento da probabilidade de sucesso da organização.

Tomada, comunicação e implementação de decisões

Neste item se destaca o sistema de reuniões que as organizações devem definir claramente para estruturar seu processo decisório. Para que elas sejam eficazes é importante que o sistema de reuniões tenha mecanismos bem-definidos, especificando pautas, duração, forma de tomar decisão (consenso ou maioria), atas, periodicidade, participantes das reuniões, entre outros. A forma de comunicação dessas decisões depende do seu teor e a quem elas são destinadas. A comunicação interna se faz pelos meios disponíveis (internet, intranet, boletins, redes sociais, murais, distribuição de atas, fóruns internos etc.). A implementação, tanto quanto possível, deve ser feita pelos próprios participantes do processo decisório, sendo importante o acompanhamento das ações implantadas.

Identificação e desenvolvimento de líderes potenciais

Faz-se geralmente por meio de avaliações formais ou informais em que competências são analisadas e indícios ou evidências reais de potencial são identificados. É importante lembrar que nem sempre (ou quase nunca) o melhor técnico é quem tem potencial para a liderança. Assim como o cirurgião mais destacado não será, necessariamente, o melhor diretor do hospital, também não será o melhor mecânico quem terá condições de dirigir uma montadora de automóveis. Uma vez identificadas as lideranças potenciais, deve-se definir um programa de desenvolvimento, que pode seguir os seguintes passos:

- rotação de funções ou tarefas, que consiste na indicação do candidato ou líder potencial para trabalhar em diferentes áreas da organização a fim de se familiarizar com os vários aspectos dela;

- gerenciamento de programas específicos que exijam grandes responsabilidades em situações de pressão por desempenho em importantes operações da organização;

- treinamentos específicos para melhorar o conhecimento do candidato naquelas áreas em que foram identificadas oportunidades de melhoria para o candidato ou líder potencial.

Avaliação de líderes

Os conhecimentos, habilidades e atitudes dos líderes, em todos os níveis da organização, devem ser avaliados e desenvolvidos. A definição clara das competências para uma liderança eficaz ajuda na avaliação dos líderes. Essas avaliações

44 Manual de gestão hospitalar

podem ser feitas de diversas formas, porém as mais completas envolvem, num processo participativo, os pares, os subordinados e as chefias expressando suas opiniões livremente. A definição de competências para a liderança em organizações de saúde varia em função de: cultura da organização, modelo assistencial praticado, personalidade jurídica, porte, localização geográfica etc. É importante lembrar que uma das principais competências de líderes em qualquer organização é sua capacidade de formar novos líderes, e não de obter seguidores.

Cultura da excelência

Aqui está compreendida a orientação do processo de liderança em direção a uma cultura de excelência e ao atendimento das necessidades e interesses de todas as partes interessadas. Trata-se da criação de uma cultura organizacional voltada para a excelência.

A cultura organizacional pode ser definida como a forma de vida compartilhada pelas pessoas que atuam na organização, incluindo seus conhecimentos, crenças, senso estético, valores, usos, costumes, a legislação que as rege, além de suas habilidades e dos hábitos adquiridos na instituição. A perspectiva cultural nas organizações está focada nos significados que as pessoas atribuem às suas experiências de trabalho. As pessoas atribuem sentido às coisas, usam símbolos e contam histórias vinculadas à vida da organização. Através das interações das pessoas na organização, continuamente são criados, mantidos e modificados os eventos, os processos e os resultados desta mesma organização. Segundo o modelo de gestão proposto, é tarefa da liderança canalizar todas estas variáveis para uma cultura de excelência.

Na cultura de excelência destacam-se os conceitos básicos da instituição, que constituem sua identidade e são expressos por valores, missão, visão e políticas básicas ou gerais. Como consequência desses conceitos estratégicos básicos desenvolver-se-ão as normas, rotinas e procedimentos operacionais necessários à execução dos processos da organização. Os conceitos estratégicos básicos aparecem nos documentos maiores: estatuto, regimentos e/ou regulamentos, enquanto que as normas, rotinas e procedimentos operacionais aparecem nos manuais. No roteiro de visitas do CQH, a cultura organizacional é avaliada pelo questionamento sobre os documentos e conceitos básicos da instituição, sua disseminação e conhecimento em todos os níveis.

A figura do líder é extremamente importante aqui, pois será ele o responsável pela transmissão da cultura de excelência para toda a organização;

ele será seu principal disseminador, guardião e praticante, dando exemplo com sua conduta e atitudes. Talvez uma das mais importantes funções do líder na organização seja tornar-se o responsável por moldar uma cultura organizacional que busque a excelência. Em caso de mudanças nos valores da organização (o que é possível, mas não frequente), caberá ao líder identificar a necessidade da mudança e orientar o processo; da mesma forma, com a missão e com a visão.

Estabelecimento dos valores e princípios organizacionais

Valores

Os valores organizacionais são "o entendimento e expectativas que descrevem como os profissionais da organização se comportam e sobre os quais todas as relações organizacionais estão baseadas" (Fundação Nacional da Qualidade, 2007a). Podem também ser definidos como "um padrão ou qualidade de princípios considerados em si válidos ou desejáveis". São fontes de força e, diante de incertezas, dão às pessoas orientações sobre como agir do ponto de vista organizacional. "Os valores de uma empresa – o que ela defende ou em que seu pessoal acredita – são cruciais para seu sucesso competitivo. Na verdade, os valores impulsionam o negócio" (Haas e Hansen, 2007:1133-1153). Os valores compõem a filosofia administrativa da organização hospitalar para alcançar seus objetivos com sucesso.[5]

> O HCFMUSP, por exemplo, definiu como seus valores: responsabilidade social (devido, principalmente, à quantidade de recursos que a sociedade investe nele), compromisso institucional (das pessoas que nele trabalham), ética (é um valor básico para instituições de saúde), pioneirismo (por ser uma instituição de pesquisa que está sempre em busca de algo novo), pluralidade (porque várias cabeças pensam melhor do que uma isolada) e humanismo (também valor básico para instituições de saúde que tratam com pessoas fragilizadas pela doença e pela dor e que necessitam ter seu sofrimento pelo menos mitigado pelo contato humano e solidário).[6]

---

[5] Ver exemplos no anexo I.
[6] Disponível em: HCFMUSP. <www.hcnet.usp.br>. Acesso em: 3 dez. 2011.

As pessoas atuam e tomam decisões baseadas num sistema de crenças e valores, geralmente inconscientes; é o conjunto daquilo que é mais importante na vida de cada um. As pessoas são o que seus valores são, embora isso nem sempre seja consciente e claramente admitido de forma explícita. Mas são os valores que fazem as pessoas serem o que são, comportarem-se da maneira como se comportam, vestirem-se da maneira como se vestem (os símbolos da moda são grandes reveladores dos valores de uma pessoa), votarem nos candidatos em quem votam, decidirem-se por uma profissão, fazerem os amigos que fazem, casarem-se com com quem se casam, enfim, terem aquela personalidade, serem aquele indivíduo e cidadão.

Ora, as empresas nada mais são do que um conjunto de pessoas trabalhando juntas para alcançar determinados objetivos. Portanto, da mesma forma como as pessoas agem de acordo com seus valores, também as empresas atuarão de acordo com seus valores definidos. Tão logo as pessoas sejam orientadas por um conjunto de valores organizacionais, estarão prontas para receber as metas e os objetivos e começar a trabalhar no sentido de realizar a missão e alcançar a visão da organização.

É preciso entender que quando se fala em valores das pessoas ou das empresas, nem sempre se está falando em coisas "boas", mas sim daquilo que elas valorizam, de suas crenças. Se todos tivessem os mesmos valores, o trabalho em grupo seria, possivelmente, facilitado, mas cheio de vieses que só a unanimidade consegue. Contudo, a realidade é composta de uma diversidade de valores e crenças que, se por um lado dificultam a harmonia do grupo, por outro lado acrescentam-lhe riquezas de conteúdo e de resultado.

Missão

A missão organizacional é a proposta para a qual, ou a razão pela qual, uma organização existe. Em geral, ela contém informações do tipo de produtos ou serviços que a empresa produz, quem são seus clientes e em quais valores importantes ela acredita. É uma declaração muito ampla da diretriz organizacional. Uma boa declaração de missão ajuda a:

- concentrar esforços das pessoas para uma direção comum;
- criar padrões de comportamento;
- definir o escopo do negócio;
- refocar a organização durante uma crise;

- assegurar que a organização não persiga propósitos conflitantes;
- servir de base lógica geral para alocar recursos organizacionais;
- desenvolver valores ou cultura compartilhada;
- estabelecer áreas amplas de responsabilidades por tarefas dentro da organização;
- atuar como base para o desenvolvimento de objetivos organizacionais comuns.

A missão traduz, portanto, a razão de ser de uma organização, as necessidades sociais a que ela atende e seu foco fundamental de atividades. Comunica o propósito da empresa, da mesma forma que a missão pessoal mostra o que você faz, o propósito para o qual você existe. Ela responde a pergunta existencial: *eu estou aqui para fazer o quê?* Algumas pessoas podem não querer explicitar sua missão por temor de ficarem atadas por ela, mas a missão pessoal não é um fator de controle, e sim libertador das potencialidades de quem sabe seu caminho. Indivíduos que compreendem a razão do que estão fazendo resistem melhor às solicitações estressantes da vida diária, porque a coerência de suas missões os ajuda a focar seus objetivos, definir prioridades e não simplesmente reagir às solicitações do meio ambiente (Scott et al., 2000).

Da mesma forma que foi dito para os valores, também aqui se pode dizer que a empresa é um conjunto de pessoas e que a missão dela tem paralelismo com a missão das pessoas que nela trabalham. Dessa maneira, a missão da organização é o conjunto das missões de seus colaboradores.

A missão é o foco da organização e sua razão de ser. Ela fornece direção para o desenvolvimento da estratégia, definindo os fatores críticos de sucesso, localizando as oportunidades e ajudando na escolha do que satisfaz os clientes e proprietários. É ela que distingue uma empresa de outra, tornando claro o que é exclusivo de cada uma. É a missão que dá foco coerente à empresa, a partir do qual o processo de criação de bens ou serviços se realiza.[7]

Parafraseando Peter Drucker, pode-se dizer que planejamento estratégico envolve o processo socrático e, também na definição da missão da organização, deve-se, como naquele processo, responder a algumas perguntas:

---

[7] Ver exemplos no anexo I.

- *O que é a empresa?* É importante responder a esta pergunta sobre a identidade da organização para distinguir o que ela é daquilo que ela *faz*. Por exemplo: à pergunta "o que a Disney *é*", talvez muitos respondessem que ela é uma empresa de entretenimento e diversões, quando, na verdade, o negócio da Disney, é vender sonhos, ilusão e fantasia; há várias consequências de um e de outro entendimento. Outros exemplos: a Avon vende beleza, e não produtos de maquiagem; a Coca-Cola vende emoção, e não refrigerantes; a Esso vende potência para o motor do seu carro, e não combustível, e assim por diante. Portanto, a pergunta sobre *o que é a empresa e o que ela faz* é respondida com a definição da identidade da organização, que faz seus membros acreditarem no que a empresa tem de importante, diferente e duradouro.

- *Quais são as necessidades básicas que a empresa deve satisfazer ou os problemas que ela deve tentar resolver?* A resposta a esta pergunta dá uma justificativa à empresa, para que não se torne um fim em si mesma.

- *O que a empresa faz para reconhecer, se antecipar e responder a essas necessidades?* A atenção a essas necessidades deve desencadear os ajustes da organização à sua missão, nível de produção de serviços, estrutura de custos, gestão e estrutura organizacional necessária para manter a efetividade.

- *Como a empresa deve dar satisfação aos seus principais grupos de interesse?* Esta pergunta força a organização a uma reflexão e definição com relação a que interesse ela deve, primordialmente, atender; como e quando deve fazê-lo.

- *Quais são os valores, a filosofia e a cultura da empresa?* Definição clara com relação a estes tópicos feita antes do desenvolvimento de estratégias permite que se evitem muitos erros estratégicos graves, que podem, se não prevenidos, comprometer a instituição.

- *O que faz desta empresa única e diferente das demais?* Se não existe nada diferente e único nesta empresa, então por que não fechá-la?

Em suma, para definir sua missão a empresa deve responder a estas perguntas, que podem ser postas de maneira mais simples: o que a empresa faz? Como faz? Para quem faz? Qual o impacto maior desta ação na comunidade?

A empresa deve ser capaz de reproduzir sua missão com poucas frases. A concisão significa que os responsáveis pela definição da missão conhecem bem a empresa, a ponto de poder exprimi-la de maneira concisa. Peter Drucker diz que a declaração da missão deve ser suficientemente curta a ponto de poder ser impressa na frente de uma camiseta a ser distribuída entre as pessoas que trabalham na empresa, para que elas levem no peito a mensagem principal. Algumas empresas imprimem a missão no verso do crachá, para que as pessoas sempre estejam sendo lembradas do seu conteúdo. Seguindo com o exemplo do HCFMUSP, este decidiu englobar dois conceitos numa definição única, com sua missão-visão numa só frase: "Ser instituição de excelência reconhecida nacional e internacionalmente em ensino, pesquisa e atenção à saúde".[8]

É importante lembrar que a missão (assim como os demais conceitos básicos da empresa) não pode ser letra morta para ser exibida apenas nas paredes e documentos da empresa, mas deve estar presente em cada atitude dos seus membros, principalmente os representantes da cúpula.

George James, ex-vice-presidente e diretor financeiro da Levi Strauss diz que

> a empresa pediu a cada uma de suas divisões que descrevesse sua própria missão, além da missão maior de toda a companhia. A declaração da missão deve conter somente alguns parágrafos descritivos do que a empresa está tentando ser. É revisada todos os anos mas nós desencorajamos pequenas mudanças. A declaração de missão da empresa, como um todo, não tem sido mudada nos últimos cinco ou seis anos.[9]

Desta frase podemos tirar duas conclusões:

- as empresas devem encorajar suas unidades ou subdivisões a também definirem suas missões;
- os conceitos básicos não são imutáveis, podendo ser modificados à medida que mudanças externas ou internas assim o exijam. Nossas missões e valores individuais mudam ao longo das nossas vidas, mas não mudam a toda hora; assim também as empresas não poderão mudar seus conceitos básicos a todo momento.

---

[8] HCFMUSP. <www.hcnet.usp.br>. Acesso em: 3 dez. 2011.
[9] Stanford Graduate School of Business. Disponível em: <www.gsb.stanford.edu/community/spread_three.html>. Acesso em: 20 nov. 2011.

Visão

A visão é o estado que a organização deseja atingir no futuro. A visão tem a intenção de propiciar o direcionamento dos rumos de uma organização. A pergunta "o que você quer ser quando crescer?" – que toda criança ouviu, provavelmente se fez e respondeu várias vezes na infância – equivale à visão da empresa, assim como a pergunta "o que você é?" equivale à missão.

Nikos Kazantsakis[10] diz que ao acreditarmos apaixonadamente em algo que ainda não existe, nós o criamos. O não existente é aquilo que não desejamos suficientemente. Os cenários que se constroem com a visão colocam o futuro em foco, permitindo visão à imaginação convergente (sintética); criam a grande meta para a organização. Aonde ela quer chegar? Onde quer estar daqui a cinco, 10, 20 anos? Que serviços estará prestando aos seus clientes? Que tipo de imagem terá junto à população? Quanto e como terá crescido? Hammer e Champy dizem que a visão deve ser tanto qualitativa quanto quantitativa, embora outros autores não concordem, ao exemplificar visões apenas qualitativas.[11]

A complexidade do mundo moderno, suas ambiguidades e contradições, aliadas à rapidez das mudanças, exigem da empresa uma visão clara de aonde ela quer chegar, para poder dirigir-se com um mínimo de segurança ao seu objetivo. A visão deve encaminhar a organização para resultados através de um processo contínuo de antecipar mudanças, aproveitar as oportunidades que vão surgindo e realizar correções de rumo em longo prazo (Motta e Vasconcelos, 2002).

A visão tem de ser inspiradora a ponto de despertar nas pessoas o desejo de compartilhar a ação, alinhada com as diretrizes da organização para a consecução da missão. Peter Senge (1994) fala na visão compartilhada como resposta à pergunta "o que queremos criar?" A visão compartilhada seria uma imagem comum que as pessoas carregam, criando um senso de comunidade que permeia a organização e dá coerência às suas diversas atividades. É a visão do brilho individual, junto ao da escola de samba, que transforma em sucesso o potencialmente caótico espetáculo do Carnaval.

Segundo Scott e colaboradores (2000), uma declaração de visão poderosa deve:

---

[10] Considerado um dos maiores escritores gregos do século XX; autor do romance *Zorba, o grego*.
[11] Ver exemplos no anexo I.

- mostrar aonde a organização quer chegar;
- ser fácil de ler e entender;
- abranger o espírito desejado pela organização;
- poder ser usada para orientar decisões;
- chamar a atenção das pessoas;
- descrever a situação escolhida para o futuro da organização;
- mexer com as pessoas;
- ser motivadora, mesmo em momentos difíceis;
- ser considerada atingível.

A visão, assim como todos os conceitos básicos da organização, deve ser revista de tempos em tempos (por exemplo, durante o exercício anual de revisão estratégica), porque precisa ser refocalizada em função de mudanças demográficas, ou porque é preciso abandonar algo que não produz resultados mas consome recursos, ou simplesmente porque o objetivo foi atingido e novos patamares de desafios são necessários.

Políticas gerais ou básicas

As políticas gerais ou básicas são aquelas "normas da casa", que a organização define para serem cumpridas por todas as unidades. Elas estão relacionadas com o uso ou aproveitamento dos diferentes recursos ou insumos da organização. Assim, têm-se:

- políticas relativas às pessoas que trabalham na empresa;
- políticas para uso dos recursos materiais;
- políticas para uso dos recursos financeiros;
- políticas dos recursos organizacionais.

Também podem existir políticas gerais ou básicas para outros setores da organização, tais como os processos, comunicações etc. Como exemplos de políticas relativas às pessoas, podemos citar: "todas as pessoas da organização deverão usar crachá de identificação quando dentro da empresa"; "não são admitidos parentes de pessoas que já trabalham na organização"; "o recrutamento se fará, preferencialmente, entre as pessoas que trabalham

52 Manual de gestão hospitalar

na organização"; "o hospital praticará remuneração acima (ou na média) do mercado"; "todas as pessoas deverão estar uniformizadas quando em ação na organização". Como exemplos de políticas para uso dos recursos materiais, podemos citar: "materiais só serão adquiridos dentro das especificações aprovadas pela comissão de compras e dentro da lista de produtos padronizados da empresa"; "decisões de compra serão tomadas após analise de, pelo menos, três cotações".[12]

Comunicação dos valores e princípios organizacionais

Não só é preciso definir os valores e princípios organizacionais, como também disseminá-los pela força de trabalho e por todas as partes interessadas, de maneira que elas consigam entender seu significado e identificar-se com eles. As pessoas não precisam saber repetir *ipsis litteris* os termos da missão formal da organização, mas devem poder expressá-la com suas próprias palavras, demonstrando seu conhecimento e identificação com a organização. A comunicação é uma das principais funções da liderança para criar relações de transparência, definir compromissos mútuos e oportunidades para a organização. Se a liderança não deixa claro quais são os valores e princípios da organização, as pessoas que nela trabalham e demais partes interessadas poderão defini-los de qualquer forma. Se um hospital define sua missão como "curar doenças", pode estar deixando de lado um papel importante na prevenção de doenças e promoção da saúde. Considerando que nem todos os pacientes se curam, o hospital pode também precisar prover serviços de apoio psicológico, assistência social, aconselhamentos de diversas naturezas e assim por diante. Uma missão clara e definida ajuda as pessoas a se orientar quanto ao que se espera delas na organização. A comunicação dos valores e princípios organizacionais pode se fazer de diversas maneiras: reuniões, murais, internet, intranet, redes sociais, memorandos, correspondências em geral, comunicados, manuais e POPs, *workshops*, boletins internos e a velha e boa conversa olho no olho, quando a liderança toma seu tempo para andar pelos setores da organização encontrando pessoas que neles trabalham. Porém nada substitui o exemplo como forma de disseminar valores e princípios. Pelo comportamento, mais do que pelas palavras da liderança, as pessoas identificarão

---

[12] Ver outros exemplos no anexo I.

aquilo que a organização de fato valoriza. Ou a organização tem princípios e os pratica ou não os tem; tão simples quanto isto! Não há como ser hipócrita sem que as pessoas o percebam; e aí tudo mais se complica na vida da organização. Caberá sempre à liderança lembrar a todos quando alguém estiver se afastando dos valores e princípios organizacionais, colocando, assim, as "coisas de volta nos trilhos". Qualquer processo de comunicação requer um *feedback* sobre o entendimento do que se deseja comunicar, uma vez que a comunicação só acontece quando o receptor da mensagem atua com base nela. Para isso se usarão os mesmos mecanismos citados como forma de disseminar a comunicação.

Mudanças culturais

Já se disse que a única coisa constante no mundo moderno é a mudança. Talvez esta afirmação contenha algum exagero para destacar a importância do processo de mudança, mas o certo é que as coisas estão em constante movimentação no ambiente organizacional. A realização das estratégias definidas pela liderança requer um processo estruturado de mudança, caso contrário não haveria por que definir estratégias que buscam realizar a visão de uma organização inexistente, mas pretendida. Portanto, a liderança deve entender as mudanças que possam ou devam acontecer na organização e atuar como facilitadora desses processos. Deve entender que as mudanças não acontecem de uma hora para outra e que as pessoas, ao absorvê-las, passam por um ciclo que compreende negação, resistência inicial, exploração, aceitação e implementação. As mudanças necessárias a serem implantadas na cultura organizacional devem ocorrer de forma cuidadosa e estruturada, garantindo-se que sejam entendidas, aceitas e bem-vindas. Elas geralmente causam desconforto e demandam um processo de gestão da mudança. Algumas ações que podem ser executadas pela liderança podem facilitar:

- implementar ações simbólicas, coerentes e alinhadas com a mudança desejada;
- implementar mudanças estruturais na organização como diminuição dos níveis hierárquicos;
- envolver as pessoas, solicitando opiniões;
- implementar ações abrangentes e focadas na busca da excelência.

Sistemas de aprendizado

Para melhorar suas práticas de gestão, a organização deve implantar um sistema de aprendizado organizacional capaz de reunir os mecanismos que desafiem a forma como o trabalho está sendo feito e proponham ações de mudanças. A organização que avalia periodicamente práticas, processos, padrões, estratégias e sistemas de gestão adapta-se mais facilmente às mudanças e tem mais condições de atingir e manter bom desempenho, aumentando sua competitividade. Alguns exemplos do que podem ser bons mecanismos para melhorar as práticas de gestão:

- avaliações internas ou externas da gestão, promovendo reflexão sobre possíveis falhas no sistema gerencial;
- reuniões de análise crítica que promovam discussões sobre erros que possam ser corrigidos;
- *benchmarking* para identificar e incorporar as melhores práticas gerenciais (ver item "Educação, treinamento e desenvolvimento das pessoas" no capítulo 8 – Gestão de pessoas);
- auditorias genéricas ou específicas feitas com recursos internos ou de terceiros, identificando lacunas no sistema de gestão ou não conformidades maiores, induzindo ajustes em seus padrões de trabalho;
- pesquisas que avaliem o grau de satisfação das partes interessadas;
- mecanismos de geração de ideias e inovação, estimulando a criatividade gerencial;
- comitês temáticos e fóruns de reflexão para possibilitar intercâmbio de ideias entre diferentes atores do processo gerencial.

Desenvolvimento da inovação

A inovação é importante para a manutenção de vantagem competitiva. Porém, para que ela se torne sustentada, a organização precisa desenvolvê-la de forma intencional e contínua. Não se deve confundir inovação com incorporação de nova tecnologia, como é muito comum na área da saúde, sem que haja uma clara definição de quanto uma nova tecnologia se constitui em inovação verdadeira ou, apenas, representa mais do mesmo, com um mínimo de desenvolvimento no produto. O poder de pressão da indústria produtora de equipamentos e medicamentos sobre os gestores de organizações de saúde é muito forte. O setor é, provavelmente, o único em que novas tecnologias não substituem as antigas, mas se somam, de tal forma que, em vez de significarem redução de custos (como acontece em todos os setores da atividade econômica), caminham na direção contrária: novas incorporações de tecnologia só aumentam os custos pelo uso de mais uma tecnologia sem que nenhuma antiga seja substituída. A organização inovadora é aquela que pratica um processo contínuo e permanente de inovações de qualquer natureza: processos, produtos, serviços ou gestão. Isto se faz por meio de times de melhorias, programas com premiação de ideias inovadoras, programas de solução de problemas em equipes, programas de participação nos resultados, sistemas de reconhecimentos específicos ou outros.

Análise crítica do desempenho global

Está na cúpula a responsabilidade de analisar "criticamente o desempenho global da organização, considerando as necessidades de todas as partes interessadas, para avaliar o progresso em relação às estratégias e aos planos de ação, apoiar a tomada de decisão e permitir a correção de rumos".[13]

Este item liga os elementos do modelo que se referem às informações e resultados da organização. A análise crítica do desempenho global se fará a partir de um painel de controle colocado à disposição da cúpula da organização pelo sistema de informação. Tal painel de controle será um condensado dos inúmeros indicadores coletados, armazenados e acessados a partir do sistema de informação da organização. O sistema de informação transforma os dados em indicadores, e a análise crítica do desempenho global os transforma em conhecimento para a organização. No roteiro de visitas do CQH a avaliação da análise crítica do desempenho global é feita pela evidência de processo sistematizado para melhoria da qualidade, executado a partir da análise de resultados, e pela análise crítica do desempenho da liderança.

Análise do desempenho

Esta análise se fará a partir de comparações e correlações de indicadores. As comparações se fazem com séries históricas do próprio serviço, com empresas similares e ou concorrentes, com as melhores práticas do mercado, com referenciais de excelência ou com metas definidas pelo planejamento estratégico. Nesse processo há quatro momentos importantes:

---

[13] Fundação Nacional da Qualidade (2007b).

Manual de gestão hospitalar

- integração de dados e análises setoriais. A integração dos resultados é a grande diferença entre a análise convencional e a análise global, que permite uma visão sistêmica da organização;

- análise, tomada de decisão e definição de ações corretivas e preventivas. O *balanced scorecard* (BSC)[14] tem sido usado, pela cúpula das organizações como um instrumento de análise crítica de desempenho, fazendo correlação de indicadores financeiros, de processos internos, aprendizado e crescimento e de satisfação de clientes com as estratégias da empresa. O BSC foi apresentado inicialmente como um modelo de avaliação de performance empresarial, porém, a aplicação em empresas proporcionou seu desenvolvimento para uma metodologia de gestão estratégica. Nesse sentido, pode-se dizer que a metodologia apresentada neste manual expande a abrangência do BSC na medida em que amplia o número de perspectivas utilizadas. O "bom *scorecard*", dizem os criadores do instrumento, transmite a estratégia através desse conjunto integrado de indicadores. Ele descreve

  > a visão de futuro da empresa para toda a organização, criando aspirações compartilhadas; cria um modelo holístico da estratégia, mostrando a todos como podem contribuir para o sucesso; e dá foco aos esforços de mudança, porque se os objetivos e medidas certos forem identificados, a implementação provavelmente será bem-sucedida [...] [Kaplan e Norton, 1997];

- comunicação das conclusões e decisões;

- implementação e acompanhamento das ações definidas.

Informações consideradas na análise do desempenho global

É importante entender que as causas e os efeitos das decisões tomadas não ocorrem entre os indicadores, mas sim entre os conceitos que estão por trás deles quando medem um requisito ou objetivo estratégico. Um bom desenho de mapa estratégico ajuda a definir as principais relações de causa e efeito entre as ações tomadas pela organização, suas consequências e como medi-las. As informações advindas destas medições serão dadas por:

---

[14] Trata-se de metodologia de gestão e medição de desempenho desenvolvida e publicada em 1992 pelos professores da Harvard Business School, Robert Kaplan e David Norton (Kaplan e Norton).

- necessidades das partes interessadas;
- estratégias e planos da organização;
- informações gerais dos ambientes interno (pontos fortes e oportunidades de melhoria quanto a pessoas, finanças, materiais e aspectos administrativos) e externo (oportunidades e ameaças quanto ao setor do mercado em que se atua e a aspectos tecnológicos, econômicos, políticos e sociais);
- resultados dos processos principais e de apoio;
- referenciais comparativos pertinentes em outros setores da organização ou de fora dela (ver "Educação, treinamento e desenvolvimento das pessoas" no capítulo 8 – Gestão de pessoas).

Avaliação do alcance das estratégias

Esta avaliação é fundamental, uma vez que indica se a organização está atingindo seus objetivos estratégicos e, como consequência, os gerenciais e operacionais. Mas ela deverá ir além disso, questionando também se as estratégias e objetivos foram definidos de maneira correta.

Comunicação das decisões

Traduz-se em ações de mudança concretas implementadas que, para tanto, podem estar associadas às seguintes atividades:

- ajustes nos planos de ação;
- implementação de novos planos;
- ações corretivas e preventivas;
- ações específicas nos processo principais e de apoio;
- alteração nos objetivos estratégicos;
- novas diretrizes de uma forma geral.

Acompanhamento da implementação das decisões

Para que as decisões tomadas na análise do desempenho da organização sejam adotadas, é preciso que sejam definidos os responsáveis pelas ações e os prazos para que as mesmas sejam implementadas. O acompanhamento pode ser feito com maior ou menor sofisticação, podendo-se utilizar meios eletrônicos nas organizações de maior porte ou sistemas não informatizados em organizações menores e com menor grau de sofisticação no seu planejamento. Tais aplicativos integram todas as funções de planejamento da organização, acompanhando-as em todas as suas fases até a implementação das decisões tomadas e operação das ações delas consequentes.

4
Planejamento estratégico[15]

Neste elemento do modelo busca-se examinar como a organização de saúde define suas estratégias e as desdobra em planos de ação que a conduzam a uma gestão eficaz. Também é aqui que se examina como um hospital pode definir seu sistema de medição global, visto no capítulo anterior (Liderança). O leitor notará que o conteúdo do capítulo flui da formulação de estratégias (intenção do *que fazer*), para o desdobramento destas em planos de ação (ação de *como fazer* e, às vezes, até de *como, como fazer*) e, por fim, para o planejamento de *como medir* se o que se quis fazer foi de fato realizado. De modo geral não se considera muito difícil o processo de formulação das estratégias; qualquer grupo conhecedor da empresa e do ambiente em que ela se insere pode fazê-lo com relativa facilidade. A dificuldade reside em transformar essas estratégias formuladas em realidade, em fatos concretos. Para que isso aconteça é necessário que o planejamento seja realizado com o máximo realismo por pessoas que conheçam muito bem a empresa e seu ambiente, sem divagar em fantasias e sonhos inalcançáveis. Aqui reside o grande desafio para o planejador: ser suficientemente capaz de ousar no desconhecido, sem perder contato com a realidade.

Vários fatores contribuem para aumentar a necessidade de planejamento estratégico nas organizações. Entre eles podem ser destacados o aumento da exigência dos clientes, a pressão governamental e a crescente concorrência das organizações que atuam no mesmo setor. Quanto maior a instabilidade no ambiente externo e a competitividade entre organizações, maior a necessidade de elas se empenharem nos seus planejamentos estratégicos. O conceito de estratégia, portanto, está ligado ao ambiente no qual está inserida a organização e é importante destacar esta relação. Isto é tão verdadeiro que é comum ver-se estratégia definida como a adequação das forças e fraquezas da organização às ameaças e oportunidades do ambiente externo. Note-se, também, o uso constante que foi feito da palavra organização, querendo-se com

---

[15] FNQ (2007d).

60 Manual de gestão hospitalar

isso universalizar o conceito de estratégia para organizações em geral, inclusive hospitais, lucrativos ou não. De fato, o conceito tem sido cada vez mais assimilado por organizações de todos os ramos de atividade econômica, inclusive do terceiro setor.

A estratégia está relacionada com a capacidade de utilizar bem os recursos para minimizar as ameaças e maximizar as oportunidades existentes no ambiente. A partir daí são definidos caminhos para utilizar os pontos fortes e melhorar os pontos fracos. Dessa avaliação deve resultar uma postura estratégica, ponto de partida para o caminho voltado aos objetivos definidos e escolhidos entre as opções estratégicas identificadas preferencialmente ou as mais indicadas para aquele momento na vida da organização, que podem variar em outros momentos de sua vida.

Estratégia é o ajustamento da organização ao seu ambiente; logo, a implantação e o acompanhamento das estratégias acontecem em contexto de constante mudança. Isso acontece dinamicamente, sendo o processo de implantação tão importante quanto o conteúdo. É preciso dizer não apenas aonde se quer chegar, mas também como se quer fazer isso. Para saber como fazê-lo é preciso ter sempre em mente as necessidades das partes interessadas na organização. No caso dos hospitais, as partes interessadas são: pacientes, familiares, médicos, planos de saúde conveniados, órgãos públicos de saúde ou não (secretarias, agências etc.), fornecedores e pessoas que trabalham na organização, entre outros que exercem ou sofrem impacto das estratégias da organização. Num bom planejamento está implícito que o nível estratégico da organização deve ser capaz de identificar as necessidades desses grupos e estabelecer um equilíbrio entre elas. Esse equilíbrio deve indicar o que a organização quer ser.

Grupos de interesse e estratégias

Como já foi visto, podem-se definir os grupos de interesse (*stakeholders*) como pessoas ou grupos que exercem impacto e são, direta ou indiretamente, afetados pelas estratégias de uma organização. Assim, a identificação dos grupos de interesse e de suas reais necessidades é uma etapa fundamental para a formulação das estratégias e objetivos corporativos.

Vários grupos de interesse terão objetivos gerais diferentes para a empresa. Cada grupo de interesse – proprietários (cotistas, acionistas, cooperados etc.), membros do conselho de administração, administradores, médicos, planos de saúde, fornecedores, credores, distribuidores e clientes – enxerga o hospital de uma perspectiva diferente. A racionalidade sugere que os grupos de interesse devem estabelecer objetivos gerais a partir da perspectiva do seu próprio interesse. Em virtude da diversidade desses interesses, a alta administração enfrenta a difícil tarefa de tentar conciliá-los e satisfazer cada grupo, ao mesmo tempo perseguindo seu próprio conjunto de objetivos gerais. Como os interesses de vários grupos são muito diversos, um exame detalhado de alguns desses interesses pode ser esclarecedor.

Quem tem a maior influência sobre os objetivos gerais do hospital e quem determina o que ele deve fazer? A visão tradicional é de um hospital voltado para os interesses de seus proprietários, sejam eles acionistas cotistas etc. ou o Estado, no caso de hospitais públicos. Nesta perspectiva a alta administração é primeiramente comprometida com tais proprietários. A alta administração é responsável por aumentar o valor (financeiro, social etc.) do hospital e os conselhos (de administração, deliberativo ou qualquer outro nome que tenham) têm a tarefa de supervisionar as decisões da alta administração, garantindo que essas decisões aumentem o valor do hospital.

Uma perspectiva mais ampla reconhece que, como os hospitais são organizações complexas e dependem de recursos ambientais, eles não podem maximizar os interesses de um único grupo de interesse. Em vez disso, o hospital deve ser orientado para os grupos de interesse de uma forma ampla, tentando equilibrar os desejos de todos eles. A maximização dos interesses de qualquer um desses grupos em detrimento dos interesses de outros pode colocar em sérios riscos sua eficácia. Um hospital não pode enfatizar os interesses financeiros dos acionistas em detrimento das necessidades monetárias dos funcionários, por exemplo, sem alienar esses últimos e, como consequência, colocar em risco o retorno financeiro do hospital como um todo.

Como os vários grupos de interesse podem entrar em conflito, a administração deve resolver essas demandas opostas. Felizmente, porém, alguns grupos podem ter mais que um interesse pessoal e unidimensional. Por exemplo, embora alguns acionistas possam desejar alto retorno financeiro, eles podem não estar dispostos a atender a determinado tipo de convênio ou a comprar mais baratos produtos que prejudicam o ambiente. Idealmente, a alta administração reconhece que o hospital deve ser administrado para equilibrar essas demandas diversificadas dos vários grupos. O foco da alta administração deve estar orientado para o aumento do retorno sobre o investimento, ao mesmo tempo satisfazendo os interesses de outros grupos.

Fica evidente, muitas vezes, que os objetivos gerais da alta administração, dos conselhos e dos credores nem sempre são congruentes com os objetivos dos acionistas e de outros grupos de interesse no hospital. Em termos genéricos, é claro que os objetivos gerais de todos os grupos ficam melhor atendidos quando o hospital funciona como uma organização viável e legitimada.

Deve-se perceber, no entanto, que um hospital viável tem o poder de beneficiar cada grupo de interesse de formas diversas. Por exemplo, uma negociação intensa com fornecedores pode transferir os benefícios desses para os acionistas, administradores e clientes. Furtar-se à responsabilidade pelo controle da poluição ambiental transfere os benefícios da sociedade (porque o público em geral arca com os custos da poluição) para apenas alguns grupos de interesse que se beneficiam com a economia feita. Oferecer compensações extremamente generosas para a alta administração transfere benefícios dos acionistas, funcionários e clientes para os administradores de nível mais alto.

Todas as organizações têm estratégias, que podem ou não estar explícitas. É vantajoso que todos na organização conheçam com detalhes aonde a organização quer chegar; entretanto, isto pode, às vezes, ser limitado por necessidades de sigilo. Porém é importante que haja e seja reconhecido o nexo causal entre o que se faz e o que se queria fazer. O que não é possível é a organização não saber aonde quer chegar ou como conseguiu chegar aonde chegou; se isto acontece, fica difícil saber quais estratégias foram responsáveis pelo sucesso ou fracasso da organização, o que pode ser razão para o fracasso dela. Por outro lado o sucesso sustentado acontece em condições de domínio das causas e efeitos. Não podemos, entretanto, nos iludir: muitas coisas acontecem à revelia dos melhores planos; uma coisa é o que se quer fazer e outra é o que de fato acontece no dia a dia. Essa incerteza está ligada ao fato de que as estratégias levam a acontecer o que é possível e não o que é provável; estratégias trabalham com possibilidades e não com probabilidades. O risco, portanto, é inerente ao processo de decisão estratégica.

Definições

A palavra estratégia existe há bastante tempo. Gerentes a usam livre e corriqueiramente e ela também é considerada o ponto alto da atividade dos executivos. Acadêmicos vêm estudando estratégia há alguns anos, ao passo que faculdades frequentemente têm uma disciplina de planejamento estratégico para coroar um curso de administração. A palavra estratégia tem muita força, mas o que ela realmente significa? Literalmente significa "general" (*strategos*, na língua grega); na Grécia antiga significava tudo que o general fazia. Antes de Napoleão, significava a arte e a ciência militares para derrotar os inimigos ou atenuar os efeitos da derrota; depois de Napoleão, expandiu-se o conceito para abranger também ações políticas e econômicas na busca por melhores alternativas para vitórias militares. Paradoxalmente, o conceito estratégico ressurgiu pelas mãos dos comunistas na antiga União Soviética, com seus planos quinquenais de governo. Peter Drucker afirma que no princípio de sua vida profissional não gostava da expressão planejamento estratégico pela conotação militar do termo, mas que pouco a pouco foi aceitando o conceito à medida que assimilava mais e mais a importância do planejamento para a vida das organizações.

Estratégia é uma dessas palavras (como qualidade, beleza e tantas outras) que se define de uma forma, mas frequentemente se usa de outra maneira. Estratégia é um *padrão*, isto é, consistência em comportamento ao longo do tempo. Um hospital que sempre cobra os preços mais altos segue a chamada estratégia extremidade superior de cobrança; outro hospital, que sempre aceita os maiores desafios, pode ser descrito como seguindo uma estratégia de alto risco. Ambas as estratégias parecem ser válidas: organizações desenvolvem planos para seu futuro, mas também extraem padrões de seu passado. Pode-se chamar uma de estratégia pretendida e outra de estratégia realizada. Logo, uma pergunta que se impõe é: as estratégias realizadas devem ser sempre as pretendidas? Na prática, as estratégias pretendidas nem sempre são as realizadas. Há uma maneira simples para descobrir de que forma isso acontece. Pergunte a alguém que relatou as estratégias realizadas por seu hospital nos últimos cinco anos, quais foram as estratégias pretendidas cinco anos antes. Elas eram as mesmas? Alguns poderão afirmar que suas intenções foram perfeitamente realizadas; suspeite da sinceridade deles. Outros poderão responder que aquilo que realizaram como estratégia nada tinha a ver com aquilo que pretendiam; também suspeite da sinceridade deles. A maioria das pessoas dá uma resposta que fica entre os dois lados – "um pouco disto, um pouco daquilo", dizem elas. Elas não se desviaram de suas intenções, mas também não as realizaram completamente. Realização perfeita significa previsão brilhante, o que seria elogiável, mas também deve-se considerar a necessidade de adaptar-se a eventos inesperados, ao passo que a não realização pode sugerir certo descaso com a estratégia. O mundo real exige pensar à frente, mas com a possibilidade de alguma adaptação ser necessária durante o percurso.

As intenções plenamente realizadas podem ser chamadas de estratégias deliberadas. As não realizadas podem ser chamadas de estratégia irrealizadas. Há um terceiro caso, as chamadas de estratégias emergentes – em um padrão realizado não era expressamente pretendido. Foram tomadas providências, uma a uma, que convergiram, com o tempo, para algum tipo de consistência ou *padrão*. Por exemplo, em vez de perseguir uma estratégia (leia-se plano) de diversificação para tornar-se um centro médico, um laboratório de análises clínicas pode tomar decisões uma a uma para diversificar, testando o mercado. Primeiro compra um serviço de imagem; a seguir, um banco de sangue, com estacionamento; depois outro laboratório menor; então, outro laboratório com estacionamento; até que tenha emergido uma estratégia (*padrão*) de diversificar para centros médicos com estacionamento.

Como se pode depreender, poucas estratégias (ou talvez nenhuma) são totalmente *deliberadas*, ou totalmente *emergentes*. Enquanto uma está relacionada com aprendizado zero, a outra o está com controle zero. Na vida real, todas as estratégias precisam, de alguma forma, ser uma mescla das duas: exercer controle fomentando o aprendizado. Por exemplo, uma grande estratégia geral pode significar que as linhas gerais são *deliberadas* (estar no percentil superior do mercado de convênios), ao passo que os detalhes são deixados para *emergir* no percurso (quando, onde e como isso vai acontecer). É bom lembrar que as estratégias *emergentes* nem sempre são más, assim como as *deliberadas* nem sempre são boas; os estrategistas experientes devem saber misturá-las de maneira a refletir as condições existentes, especialmente quanto à capacidade de prever, assim como de reagir a eventos inesperados.

Existem várias definições diferentes para estratégia, inclusive que ela pode ser um truque, isto é, uma "manobra" específica para enganar um oponente ou concorrente. Um bandido em fuga pode pular uma cerca para atrair o policial que o persegue para seu quintal, onde os comparsas estão emboscados à espera dele. Analogamente, uma cadeia de hospitais pode adquirir terras para dar a impressão de que planeja expandir sua capacidade, para desencorajar um concorrente de construir no mesmo local. Nesse caso, a verdadeira estratégia (como plano, isto é, a intenção real) é a ameaça e não a expansão em si; portanto, trata-se de um truque. Essas observações são importantes para conceituar estratégia. Para entender-se melhor o conceito talvez seja também importante saber como diferentes autores a definiram ao longo do tempo, de modo a consagrar, pelo uso, algumas definições:

- Conjunto de objetivos e de políticas importantes.

- Maneira de conduzir as ações estabelecidas pela empresa, tal como um maestro rege sua orquestra.

- Conjunto de decisões que determinam o comportamento a ser exigido em determinado período de tempo.

- Conjunto de objetivos, finalidades, metas, diretrizes fundamentais e de planos para atingir esses objetivos, postulados de forma que defina em que atividade se encontra a empresa, que tipo de empresa ela é ou deseja ser.

- Conjunto de objetivos da empresa e a forma de alcançá-los.

- Plano uniforme, compreendido e integrado que é estabelecido para assegurar que os objetivos básicos da empresa serão alcançados.

- Modo pelo qual a empresa procura distinguir-se de maneira positiva da concorrência, usando seus pontos fortes para atender às necessidades dos clientes.

- Forma de pensar no futuro integrada no processo decisório, com base em um procedimento formalizado e articulador de resultados e em uma programação.

- Plano ou curso de ação de vital, intensa e continuada importância para a empresa em sua totalidade.

- Busca de uma posição competitiva favorável em uma indústria, a arena fundamental onde ocorre a concorrência; e a escolha dessa estratégia competitiva está baseada no nível de atratividade da indústria e nos determinantes da posição competitiva relativa dentro desta indústria.

- Regras e diretrizes para decisão, que orientam o processo de desenvolvimento de uma empresa.

- Padrão ou plano que integra os objetivos maiores de uma empresa, suas políticas e sequências de ações em um todo coeso.

- Programa amplo para definir e alcançar as metas de uma empresa; resposta da empresa a seu ambiente através do tempo.

Formulação das estratégias

Neste item o roteiro de avaliação do CQH indaga como o hospital formula e difunde, entre as partes interessadas, suas estratégias; quem participa da formulação e aprovação dos planos e, especificamente, se as aquisições de equipamentos são feitas de maneira alinhada com as estratégias, uma vez que é muito comum hospitais investirem em equipamentos sem vinculação com as necessidades reais de seus clientes ou apenas porque "os outros estão fazendo". A formulação das estratégias visa definir os focos estratégicos (ou diretrizes, objetivos etc.) e se inicia com a chamada revisão da identidade da organização. Esta se constitui na revisão dos conceitos básicos que definem a cultura organizacional, principalmente: valores, missão, visão e políticas básicas. Fazendo-se uma analogia com a vida pessoal, seria a revisão feita pela maioria das pessoas no fim de ano, quando avaliam o que fizeram durante o ano que termina e tomam as famosas "decisões de final de ano" (mudar de estilo de vida, organizar melhor as atividades etc.) que, aliás, depois nem sempre são cumpridas.

A revisão da identidade da organização, início de qualquer processo de planejamento estratégico, se dá em reuniões da alta administração, das quais poderão participar alguns níveis gerenciais convidados, dependendo do porte e do tipo de hospital. Não se pode esquecer que a definição dos conceitos básicos e, portanto, suas revisões são uma prerrogativa e um dever da alta administração. Deve-se começar pela revisão da concepção de que, sendo a "grande meta" da organização, será a orientadora de todo o processo de planejamento. Uma vez feita esta revisão passa-se para os demais conceitos: verifica-se se os valores ainda prevalecem, se a missão está de acordo com as exigências do mercado e respondendo a ele, e se as políticas básicas ainda ajudam a dirimir conflitos e dúvidas na convivência do dia a dia. Uma vez encerrada esta fase, passa-se para a seguinte, que se constitui na assim chamada análise Fofa (que vem de Swot, em inglês).

A técnica Fofa se constitui num dos processos mais usados e importantes de formulação da estratégia. Seus conceitos básicos continuam a formar a base das disciplinas de estratégia nos cursos de graduação e pós-graduação em administração, bem como na prática da maioria das empresas que fazem planejamento estratégico. Seu nome deriva das abreviações das palavras "fortes" e "fracos", que adjetivam os recursos internos das empresas como sendo bons ou não para sua estratégia poder se desenvolver num ambiente externo onde existem "oportunidades" e "ameaças". Com muita frequência autores preferem denominar pontos fracos como oportunidades para melhoria, não apenas por uma questão de gosto, mas porque esta denominação implica uma atitude mais positiva dos agentes diante de uma *oportunidade para melhoria* e não um ponto *fraco*.

Na concepção de alguns teóricos o que uma estratégia visa é atingir adequação entre as capacidades internas e as possibilidades externas. Porter (apud Kaplan e Norton, 1997) diz que "a estratégia será vista como a união entre qualificações e oportunidades que posiciona uma empresa em seu ambiente". É sempre bom repetir que, para a formulação das estratégias, é necessário não apenas identificar as oportunidades e ameaças do ambiente externo, mas fazer um levantamento das forças e oportunidades de melhoria da organização (ambiente interno).

Análise do ambiente interno

As dimensões analisadas nesse aspecto podem variar muito de uma organização para outra, mas é sempre bom pensar nos recursos disponíveis na organização para saber se eles são suficientemente bons para ela (em quantidade e qualidade). Podem ser vistas, entre outros, os sistemas de informação, a gestão das pessoas, a gestão de processos e a gestão financeira.

As questões relativas à gestão de pessoas ou gestão de recursos humanos estão relacionadas às condições proporcionadas às pessoas que compõem a força de trabalho para desenvolver e utilizar seu pleno potencial em alinhamento com as estratégias da organização, bem como os esforços para criar e manter um ambiente que conduza à excelência do desempenho, à plena participação e ao crescimento pessoal e da organização, como está descrito com mais detalhes no capítulo 9.

O uso crescente de serviços terceirizados de parceiros convivendo, no mesmo ambiente de trabalho, com os funcionários da organização faz com que seja cada vez mais importante que as organizações que buscam um ambiente de trabalho de alto desempenho levem em consideração, em suas práticas, também as pessoas que trabalham nestas empresas terceirizadas. Para essa finalidade, cuidados devem ser tomados no ato de negociar contratos de fornecimento, de modo que as empresas terceirizadas tenham sistemas de trabalho compatíveis com os sistemas adotados pela organização.

O uso das informações para a análise crítica e tomada de decisão pode ser resumido como "decisões baseadas em dados e fatos". Para que isso ocorra é necessária uma compreensão das principais correlações entre os indicadores de desempenho nas diversas categorias (clientes, finanças, assistências etc.). Mais detalhes sobre a gestão das informações encontram-se no capítulo 7.

Na gestão de processos analisa-se como são gerenciados os principais processos-fim do hospital, bem como seus processos de apoio. As questões relacionadas aos processos principais referem-se a:

- definição de novos produtos, serviços e procedimentos na organização, considerando as necessidades dos clientes e das comunidades;
- abordagem preventiva para garantir que tais procedimentos sejam desenvolvidos isentos de não conformidades;
- métodos utilizados para gerenciamento dos processos principais, monitorados *on line* por indicadores de desempenho;

As questões relativas aos processos de apoio referem-se a:

- definição de novos processos de apoio ou adequações nos existentes, considerando as necessidades dos clientes e das áreas-fim (clientes internos);
- métodos utilizados para gerenciamento dos processos, monitorados *on line* por indicadores de desempenho.

A análise da gestão econômica e financeira aborda como são gerenciados os elementos relacionados à sustentabilidade econômica do hospital, os aspectos financeiros que suportam as necessidades operacionais de curto prazo e aqueles relacionados à capitalização necessária às estratégias de crescimento no médio e no longo prazo. A análise pode incluir ainda:

- gerenciamento de custos e acompanhamento orçamentário, para assegurar os recursos financeiros necessários ao atendimento das necessidades operacionais;
- critérios para captação de recursos e recebimentos, de modo a manter equilibrado o fluxo financeiro;
- definição de recursos financeiros para realizar os investimentos, visando suportar as estratégias e planos de ação, incluindo a adoção de critérios

e metodologias para avaliar e definir os investimentos e a forma de capitalização apropriada.

O leitor encontrará, no capítulo 9, detalhes da gestão de processos, entre eles os processos econômico-financeiros.

Análise do ambiente externo

Por outro lado, todas as empresas são mais ou menos afetadas por quatro forças presentes fora delas, ou seja, no ambiente externo: as **p**olítico-legais, as **e**conômicas, as **s**ociais e as **t**ecnológicas (Pest). Embora algumas vezes organizações muito grandes (ou várias empresas associadas) tentem influenciar a legislação ou, por meio de pesquisa e desenvolvimento (P&D), abram caminho para mudanças tecnológicas ou sociais, essas forças macroambientais não estão, em geral, sob controle direto das organizações. Portanto, o objetivo da administração estratégica é criar condições para que a empresa opere com eficácia diante de ameaças ou restrições ambientais e possa também capitalizar as oportunidades oferecidas pelo ambiente.

Um grupo importante de variáveis existentes no ambiente externo inclui as político-sociais. Aqui podem ser considerados os resultados de eleições, legislações e sentenças judiciais, bem como decisões tomadas por várias comissões e instâncias em cada nível de governo. Como exemplos do impacto dessas forças considerem-se as ações das agências reguladoras do governo federal na área de saúde (Anvisa e ANS). Em escala mais global, podem-se incluir aqui todas as medidas protecionistas à importação de certos produtos que os países incorporam em suas legislações, por pressão de grupos internos ou externos. O sistema político-legal de uma nação influencia muito suas operações comerciais e o padrão de vida de seus cidadãos.

As forças econômicas também têm grande impacto sobre a vida das empresas. Como principais exemplos serão considerados o impacto do aumento ou diminuição do produto interno bruto (PIB), bem como elevações e quedas das taxas de juros, da massa salarial, da inflação e do valor do dólar. Essas mudanças representam tanto oportunidades quanto ameaças para os administradores estratégicos. Quando o PIB diminui por dois trimestres consecutivos, considera-se que a economia passa por uma recessão. Durante esses períodos, as pressões competitivas sofridas pelas empresas aumentam; a lucratividade diminui; e o número de falências aumenta. No entanto, até mesmo as recessões oferecem oportunidades para algumas empresas. Os cinemas geralmente têm um bom desempenho durante períodos economicamente difíceis, oferecendo uma fuga das preocupações financeiras a seus frequentadores. Por outro lado, taxas baixas de juros em curto prazo, por exemplo, são particularmente benéficas para varejistas, pois encorajam o gasto por parte do consumidor. As altas taxas de inflação geralmente resultam em restrições para as organizações empresariais, visto que aumentam vários custos, tais como a compra de materiais, de medicamentos e salários. A inflação também pode, inversamente, oferecer oportunidades para algumas empresas. Possivelmente todos se lembrem dos inúmeros mecanismos utilizados para sobreviver, desenvolvidos pela população brasileira durante os vários anos de inflação alta. Por outro lado, variações cambiais importantes podem aumentar o endividamento de hospitais que importam equipamentos.

A intensidade de mudança tecnológica varia consideravelmente de um setor para outro. As mudanças na tecnologia afetam constantemente as operações de um hospital, bem como seus produtos e serviços. Os recentes avanços tecnológicos em biologia molecular, computadores, robótica, *lasers*, redes de satélites, fibras óticas e outras áreas relacionadas proporcionaram importantes oportunidades de melhorias operacionais. No entanto, por outra perspectiva, a mudança tecnológica pode dizimar empresas existentes e até mesmo setores inteiros, já que a demanda passa de um produto para outro. As cirurgias vídeolaparoscópicas modificaram completamente o panorama da cirurgia geral.

Por fim, os impactos sociais se fazem sentir por meio de valores ou outros conceitos que uma sociedade tenha em alta conta. Trata-se de crenças pessoais ou grupais, como visto no capítulo anterior. Podem incluir, por exemplo, tradições, tendências sociais e expectativas que uma sociedade tenha com relação aos seus hospitais. Hoje, programas de televisão, como as telenovelas, por exemplo, podem afetar práticas sociais que repercutem no dia a dia dos hospitais. As tendências sociais apresentam várias oportunidades e ameaças ou restrições para as empresas. Por exemplo, a tendência de cuidar da saúde e do corpo, que teve início vários anos atrás, trouxe sucesso financeiro para empresas de calçados esportivos, equipamentos de ginástica para academias e para os fabricantes de refrigerantes dietéticos e água engarrafada. Nessa área também podem ser incluídas todas as tendências da chamada "medicina alternativa". Entretanto, essas tendências trouxeram riscos financeiros para outros setores, como os de criação de suínos, processamento de derivados do leite, de tabaco e de bebidas alcoólicas. As tendências sociais também incluem mudanças demográficas que podem afetar as oportunidades de negócio dos serviços de saúde, atividades de lazer e alternativas de férias.

Uma vez concluída a revisão da identidade da organização e a análise Fofa, o hospital está em condições de definir seus focos estratégicos (o que fazer). Estabelecer focos estratégicos não é uma tarefa simples. Uma organização possui vários grupos de interesse com objetivos diferentes. Assim, os focos estratégicos que por fim acabam sendo determinados devem equilibrar as pressões dos diferentes grupos, de modo a garantir a continuidade da participação de cada um deles.

Enquanto a missão é a razão de existir da empresa, os *focos estratégicos* representam fins genéricos desejados, que traduzem a visão dela. As *ações estratégicas* são versões mais restritas dos focos estratégicos e, frequentemente, incorporam metas quantificáveis. Por exemplo, a administração pode estabelecer um foco estratégico de expandir o tamanho do hospital por meio de um crescimento interno. A partir desse foco estratégico, várias ações estratégicas podem ser desenvolvidas, tais como aumentar a produção de serviços em 5% a cada ano pelos próximos oito anos. Como outro exemplo, o foco estratégico da administração pode ser tornar-se um líder inovador no setor. Com base nesse foco, uma das ações estratégicas pode ser ter 25% da produção de cada ano provindos de novos serviços desenvolvidos durante os três anos precedentes.

Como se pode ver, os focos são mais verificáveis. Ou seja, com as ações estratégicas do parágrafo anterior, a administração seria capaz de perguntar se as metas incorporadas pelas ações estratégicas foram atingidas. Sem verificação e especificidade, as ações estratégicas não fornecerão uma orientação clara para uma tomada de decisão administrativa nem permitirão uma avaliação do desempenho do hospital.

No nível corporativo, a questão estratégica básica que a alta administração enfrenta é: quais serviços prestar? A resposta a essa questão depende dos pontos fortes e fracos da empresa, bem como das oportunidades e ameaças impostas pelo ambiente externo. Destacamos, a seguir, alguns pontos que geralmente são alvos de preocupação na definição de estratégias corporativas.

- Reestruturação – A reestruturação empresarial pode incluir um amplo conjunto de decisões e ações, tais como a modificação da própria organização do trabalho na empresa, a criação, aquisição ou liquidação de uma unidade de negócio.

72 Manual de gestão hospitalar

- Estratégias de crescimento – Idealmente, um hospital pode selecionar uma estratégia de crescimento que resulte em aumento das vendas de serviços ou da participação de mercado; espera-se que esse crescimento possibilite um aumento do valor da empresa. O crescimento não inclui apenas o crescimento do mesmo negócio, mas também a criação de novos negócios, seja em direção horizontal ou vertical. O crescimento horizontal pode envolver a criação de novos hospitais ou centros médicos que operem em negócios relacionados ou não relacionados.

Desdobramento das estratégias

Este item do roteiro de avaliação busca verificar como o hospital desdobra suas estratégias e acompanha a implementação delas e o alinhamento dos principais planos de ação com os focos estratégicos. No enfoque do item deseja-se saber se as estratégias do hospital são desdobradas em planos de ação pelos seus diversos setores e unidades e se os recursos necessários à implementação dos planos de ação estão disponíveis e são alocados. Por outro lado, o roteiro quer saber se as pessoas que compõem a força de trabalho são envolvidas no processo de definição e execução dos planos de ação, ou seja, se há disseminação destes.

Uma vez definido o foco estratégico, é preciso desdobrá-lo em ações estratégicas, como foi visto acima, e estas em planos de ação, os quais, por sua vez, serão desdobrados em atividades do dia a dia que significam a realização desses planos. Fala-se num desdobramento "em cascata", com todas estas ações alinhadas entre si numa perfeita consistência interna do processo. Se a formulação das estratégias era uma atividade típica da alta administração, aqui há maior participação do corpo gerencial e operacional responsável pela execução das tarefas, pois ninguém sabe melhor o que tem de ser feito do que as pessoas que realizam as tarefas. É aqui que o processo participativo acontece, e não na definição dos focos estratégicos, que é atribuição da alta administração.

Na aplicação do desdobramento das estratégias, o que o roteiro de visitas busca saber é se os planos de ação estão alinhados com as necessidades das partes interessadas e com os conceitos básicos da organização (valores, missão, visão e políticas básicas) e como é feito o acompanhamento periódico e formal da implementação dos planos de ação, como forma de comprovar que o desdobramento de fato acontece. A avaliação do roteiro também buscará saber se é feito acompanhamento periódico e formal da implementação dos planos de ação.

No painel de controle (também chamado de painel de bordo por associação com o painel de bordo de um avião) apresentado a seguir, pode-se apreciar a correlação das cinco perspectivas dos grupos de interesse numa organização: clientes; donos ou acionistas (cotistas ou o Estado em caso de organização pública), que têm interesse em indicadores financeiros para saber se o dinheiro aplicado no negócio está sendo bem-administrado; as pessoas que trabalham na organização; os fornecedores; e a sociedade que tem interesse na produção de serviços com a maior eficiência dos processos, sem desperdícios nem retrabalhos. Estas colunas serão cruzadas com os objetivos da empresa, chamados acima de ações estratégicas, que poderão ser medidas por indicadores identificados pela palavra inglesa *outcomes*. Os planos de ação serão os fatores críticos de sucesso que a organização deverá realizar para ter bons resultados na consecução do foco estratégico definido. Os indicadores desses resultados foram aqui identificados com a palavra *drivers*. Como se pode notar, a planilha abaixo permite correlacionar foco estratégico com ações estratégicas e planos de ação e seus indicadores, que medirão o grau de sucesso alcançado na realização da estratégia segundo as perspectivas dos diferentes grupos de interesse da organização.

Figura 2
Painel de controle estratégico

CQH PAINEL DE CONTROLE ESTRATÉGICO					
ESTRATÉGIA					
PERSPECTIVAS	CLIENTES	FINANCEIRAS	PESSOAS	FORNECEDORES	PROCESSOS
OBJETIVOS					
OUTCOMES					
FATORES CRÍTICOS DE SUCESSO					
DRIVERS					

Na figura 3 já se pode apreciar como ficaria a planilha com as denominações utilizadas para identificar objetivos da estratégia e seus fatores críticos de sucesso, bem como os indicadores para sua medição. Esses indicadores podem vir acompanhados de metas a serem alcançadas e referenciais pertinentes para a comparação (gestão da informação comparativa).

Figura 3
Painel de controle modificado

CQH	PAINEL DE CONTROLE DO HOSPITAL "X"				
FOCO ESTRATÉGICO					
PERSPECTIVAS	CLIENTES	FINANCEIRAS	PESSOAS	FORNECEDORES	PROCESSOS
AÇÕES ESTRATÉGICAS					
INDICADORES					
PLANOS DE AÇÃO					
INDICADORES					

Por exemplo, no "Hospital Z" da figura 4, o foco estratégico definido foi *promover as mudanças e incorporações técnicas e tecnológicas para o hospital vir a ter complexidade de nível terciário*. No "Hospital Y", da figura 5, o foco estratégico definido foi *estruturação técnico-administrativa para a média e alta complexidade*. A partir daí foram definidos as ações estratégicas e os planos de ação com seus respectivos indicadores, nas perspectivas dos grupos de interesse.

Figura 4
Painel de controle do hospital "Z"

CQH — PAINEL DE CONTROLE DO HOSPITAL "Z"					
FOCO ESTRATÉGICO	Promover as mudanças e incorporações técnicas e tecnológicas para o período terciário				
PERSPECTIVAS	CLIENTES	FINANCEIRAS	PESSOAS	FORNECEDORES	PROCESSOS
AÇÕES ESTRATÉGICAS	• Atender novos clientes	• Destinar recursos para os novos serviços	• Criar vagas • Promover	• Fornecer materiais e equipamentos para os novos serviços	• Viabilizar novos serviços (processos) fins e de apoio
INDICADORES	• Novos pacientes atendidos com relação ao total	• % destinado aos novos serviços • % investido/ previsto	• % de vagas abertas/total das vagas • % de promoções	• % fornecedores disponíveis para os novos serviços	• Novos processos viabilizados
PLANOS DE AÇÃO	• Atender demandas específicas • Não encaminhar	• Montar cronograma de desembolsos	• Treinar pessoas para atender novas demandas	• Satisfazer especificações	• Estabelecer protocolos clínicos para os novos serviços
INDICADORES	• % de pacientes atendidos por demandas específicas • % de diminuição no número de encaminhamentos	• % cumprimento do cronograma	• % pessoas treinadas para novos serviços	• % de atrasos no cronograma • % entregas satisfatórias	• % protocolos implantados

Figura 5
Painel de controle do hospital "Y"

CQH — PAINEL DE CONTROLE DO HOSPITAL "Y"					
FOCO ESTRATÉGICO	Estruturação técnico-administrativa para a média e alta complexidade				
PERSPECTIVAS	CLIENTES	FINANCEIRAS	PESSOAS	FORNECEDORES	PROCESSOS
AÇÕES ESTRATÉGICAS	• Criar assessoria de comunicação interna	• Avaliar o alcance da autonomia orçamentária e financeira	• Promover a interação multidisciplinar • Implantar processo de valorização profissional	• Fornecer equipamentos para alta complexidade	• Promover a definição das esferas de competências e suas atribuições • Criar e implantar sistema de informação
INDICADORES	• Insersões positivas na mídia • Pessoas informadas	• % de autonomia existente	• Áreas integradas • Profissionais valorizados	• Número de fornecedores habilitados na região	• % do organograma implantado
PLANOS DE AÇÃO	• Assessoria de comunicação	• Apuração de custos • Informatizar orçamento anual	• Reuniões mensais das chefias e diretoria • Uniformizar e identificar pessoas	• Solicitar proposta aos fornecedores	• Manuais organizacionais • Elaborar relatórios periódicos
INDICADORES	• % de horas de assessoria para comunicação	• Número de ciclos de apuração de custos • % do orçamento informatizado	• Reuniões realizadas • % de pessoas uniformizadas e identificadas	• Número de propostas que seguem especificações	• % de manuais implantados • Relatórios analisados

Planejamento da medição do desempenho global

Este item examina como o hospital define e implementa seu sistema de medição do desempenho global, ou seja, como avalia se as estratégias para a realização de sua missão estão sendo alcançadas: se está usando séries históricas de seus indicadores, definindo metas e aprendendo com sua avaliação. É a preparação para o item discutido em liderança sob o título "Análise crítica do desempenho global", ou seja, aqui se planeja como a liderança fará a análise do desempenho da organização. Vê-se facilmente, nas figuras 4 e 5, a correlação possível entre indicadores, perspectivas dos grupos de interesse, ações estratégicas e planos de ação para satisfazê-las. É isto que o Prêmio Nacional da Gestão em Saúde quer saber quando pergunta:

- Os indicadores de desempenho são classificados, integrados e correlacionados para apoiar a análise crítica do desempenho global?
- Os principais indicadores de desempenho global têm metas de curto e longo prazos que são comunicados às partes interessadas, considerando a pertinência de cada uma?

As planilhas apresentadas nas figuras 4 e 5 representam ampliações dos conceitos estudados no gerenciamento pelas diretrizes (GPD, do Hoshin Kanri, muito utilizado no Japão) (Akao, 1991) e no *balanced scorecard* (BSC).[16] Pode-se observar que os três métodos (GPD, BSC e o aqui apresentado) são patamares no processo evolutivo do sistema de medição, que exigem graus crescentes de maturidade organizacional.

O desempenho global é a realização das estratégias da organização e o valor agregado às suas partes interessadas. O sistema de medição deve mostrar se os efeitos procurados na formulação das estratégias foram alcançados de forma equilibrada. O sistema usa indicadores de desempenho (dados numéricos relativos às atividades da organização) que medem se suas metas estão sendo alcançadas. Indicadores, aqui, podem ser classificados segundo três critérios:

- nível hierárquico: estratégicos, gerenciais e operacionais;
- perspectiva do negócio: financeiros, de mercado etc.;

---

[16] Como visto no capítulo 3, trata-se de uma metodologia de gestão e medição de desempenho desenvolvida e publicada em 1992 pelos professores Robert Kaplan e David Norton, da Harvard Business School.

- utilização no processo decisório: de ações estratégicas e dos planos de ação.

A Santa Casa de Porto Alegre (ganhadora do Prêmio Nacional da Qualidade em 2002)[17] seleciona seus indicadores a partir dos requisitos mais valorizados pelas partes interessadas no que se refere aos resultados da organização e das práticas gerenciais. Uma das principais correlações analisadas pela entidade no desempenho da organização é a taxa de ocupação e a média de permanência dos pacientes assistidos no hospital, o que representa a comparação entre a capacidade ofertada e os respectivos níveis de utilização. A correlação dos resultados operacionais (assistência aos pacientes) com os resultados financeiros, enfatizando-se análises que permitam identificar quais fatores são responsáveis pelo desempenho financeiro, é outro exemplo desta prática. A margem de resultados econômicos, que correlaciona isto com a produção e a receita dos serviços, é também um item de controle monitorado, no mínimo mensalmente, em todas as unidades produtivas. A correlação da margem de resultado com o tipo de convênio permite desenvolver ações de marketing dirigidas aos clientes dos planos de saúde mais lucrativos. Em relação aos clientes e acompanhantes são considerados os indicadores de satisfação com os de educação e treinamento das pessoas. Também são correlacionados indicadores referentes à força de trabalho, como taxa de absenteísmo e custo da folha de pagamentos, produção *versus* número de horas extras.

O Comitê Temático da Fundação para o Prêmio Nacional da Qualidade recomenda, em um de seus relatórios, que o planejamento do sistema de medição do desempenho global considere indicadores referentes aos seguintes aspectos:

- *financeiros*: rentabilidade sobre o patrimônio liquido, liquidez corrente, crescimento da receita, margem bruta, geração de caixa e vendas de serviços;
- *mercado e clientes*: manifestações dos clientes, participação no mercado, fidelização dos clientes, insatisfação ou satisfação, conhecimento da marca;

---

[17] Santa Casa de Misericórdia de Porto Alegre (2002).

- *inovação*: receita de novos produtos ou serviços, tempo para recuperar investimentos, aceitação de novos produtos ou serviços;

- *processos*: conformidade do serviço em relação ao padrão, produtividade, desperdícios, qualidade dos serviços;

- *pessoas*: melhoria contínua da produtividade, retenção de pessoas-chave, equidade de remuneração, bem-estar e satisfação, segurança, volume e eficácia do treinamento;

- *aquisição e fornecedores*: produtividade de aquisição, qualidade dos produtos e serviços críticos fornecidos, eficácia da garantia de qualidade dos produtos adquiridos;

- *ambiente organizacional*: qualidade do sistema de informações, acesso a informações comparativas, satisfação com a liderança, implementação estratégica;

- *responsabilidade pública*: imagem pública, conformidade ambiental, investimento em responsabilidade social e gestão ambiental.

O relatório orienta que a implementação de um sistema de medição estruturado é um daqueles projetos em que os subprodutos podem ser ainda mais atraentes do que o próprio produto final. Nesse sentido destaca que o sistema de medição influencia na criação da cultura para a excelência do desempenho pela constatação de que as metas estão sendo atingidas, pela criação de linguagem e objetivos comuns, pela clarificação das prioridades e pela transparência na divulgação dos resultados.

5
Relação com os clientes

Entre os vários significados possíveis para a palavra cliente o Novo Dicionário Aurélio da Língua Portuguesa destaca "o doente em relação ao seu médico habitual", sendo o paciente "a pessoa que padece; doente ou pessoa que está sob cuidados médicos". E o usuário é "aquele que possui ou frui alguma coisa pelo direito de uso; utente" (Ferreira, 2009). Os médicos mais antigos não ousavam se referir aos consumidores de serviços de saúde por outra palavra que não fosse paciente. Entendiam que o paciente era o receptor dos serviços prestados por profissionais da saúde – entendam-se os médicos – e que todas outras conotações possíveis para esta relação eram indevidas. Portanto, cliente, usuário, consumidor e todas outras possíveis denominações àqueles que consomem seus serviços não se aplicariam à santidade da relação médico/paciente. É bem verdade que esta relação é especial e quase não encontra paralelo em outras relações de compra e venda de serviços. Porém a entrada em cena de outros agentes que se interpuseram entre médicos e pacientes, devida ou indevidamente, criou novas características para esta relação. Não cabe aqui fazer juízos de valor que aprovem ou desaprovem esta entrada em cena de novos atores; o fato é que eles estão aí, a caracterizar a relação médico/paciente também como uma relação de natureza comercial, com todas as implicações disso. É importante lembrar aqui que o Código de Ética Médica, em seu art. 58, veda ao médico o exercício mercantilista da medicina.

Cliente, no contexto deste manual, é toda organização ou pessoa que recebe um produto, podendo ser um consumidor, usuário final, beneficiário ou comprador. Os clientes-alvo são os atuais e os potenciais, foco de interesse para o fornecimento de serviços ou produtos, podendo incluir os clientes da concorrência, ex-clientes e usuários de soluções alternativas aos serviços ou produtos da organização (PGNS, 2009). Quando se fala de clientes de serviços é preciso entender sua diferença daqueles que adquirem um produto ou um bem. Serviços são consumidos na hora em que são produzidos, numa relação direta entre produtor e consumidor. Os serviços não são armazenados, estocados ou guardados para serem consumidos "depois". Ou o cliente gosta ou não

80 Manual de gestão hospitalar

gosta do serviço na hora do consumo. Depende muito do prestador do serviço, que não é uma equipe de produção trabalhando numa fábrica distante, mas sim alguém que oferece seu serviço face a face com o consumidor.

Os serviços, por sua natureza, são intangíveis e isto tem implicações. Kotler e Fox (1994) destacam quatro características dos serviços, importantes para organizar sua venda:

- a *intangibilidade* do serviço vendido requer confiança do comprador, que precisa acreditar em algo que não pode ver, degustar, sentir, ouvir ou cheirar antes de adquirir. O serviço de um cirurgião plástico, por exemplo, só pode ser avaliado pelo resultado após algum tempo de estabilidade nas áreas operadas. Algumas coisas podem ser feitas para aumentar a tangibilidade do serviço: o cirurgião plástico pode projetar, com auxilio de um software, o que pretende realizar; apresentar fotos "antes e depois" de casos operados etc.;

- a *inseparabilidade* de um serviço e seu fornecedor, visto que o serviço não pode ser apreciado numa vitrine e comprado a partir desta exposição; requer a presença do fornecedor desejado;

- a *variabilidade* dos serviços depende de quem os executa e das condições em que o executor se encontra no momento da prestação do serviço;

- a *perecibilidade* do serviço pressupõe que o fornecedor e o consumidor se encontrem num mesmo ponto e hora de consumo.

Quando se fala na venda de serviços para clientes, está se falando de mercadologia (marketing) o que, segundo a definição dos teóricos, significa conhecer as necessidades dos clientes para, então, poder satisfazê-las. Peter Drucker (2007) dizia que se o marketing fosse executado corretamente não seria necessário fazer propaganda porque, conhecendo-se exatamente aquilo de que os clientes realmente necessitam, poder-se-ia, facilmente, produzir os serviços necessários para satisfazê-los. Necessidades são entendidas como o conjunto de requisitos, expectativas e preferências dos clientes. Note-se que, na saúde, é sempre importante diferenciar necessidades de expectativas. Também se deve entender que um requisito é a tradução das necessidades e expectativas dos clientes ou das demais partes interessadas, expressas de maneira formal ou informal, em atributos do serviço a ser prestado.

Na área da saúde a ciência que estuda as incidências e prevalências das doenças entre as populações é a epidemiologia; conhecer a distribuição das doenças e saber as necessidades da população relativas a serviços para combatê-las é o objeto de estudo da epidemiologia. Logo não há diferença entre os objetivos do marketing e da epidemiologia; a epidemiologia é o marketing na saúde.[18]

É frequente ouvir-se que o "cliente é quem manda" ou expressões como o "cliente é rei"; fala-se em satisfazer as "expectativas que o cliente nem sabe que tem", em "encantar os clientes". São todas expressões encontradas, com muita frequência, para descrever uma possível relação de algumas organizações com seus clientes. O que se vê na prática, contudo, nem sempre são ações condizentes com tais intenções. E isto está errado, pois cria um ambiente hipócrita e de dissimulações que, no final, acaba virando-se contra a própria organização. É importante destacar que não se deve querer entregar ao cliente mais do que aquilo pelo qual ele esteja disposto a pagar e que o "reinado" do cliente pode e deve ter seus limites. Descrever qualidade como o *atendimento aos desejos, necessidades e expectativas dos clientes* é apenas parte da verdade. O cliente, sim, é importante, mas há outras variáveis da qualidade além de apenas atender aos desejos do cliente, principalmente na saúde, quando o cliente pode ser facilmente induzido ao consumo de coisas de que ele realmente não necessita e nem sabe se quer.[19]

O elemento *cliente*, no modelo de gestão proposto, está diretamente ligado com o fundamento gestão centrada nos clientes, relacionando-o com a criação e entrega de valor para quem compra um serviço e o faz de forma sustentada. Está estruturado em dois itens: imagem e conhecimento do mercado; e relacionamento com os clientes, de que trataremos a seguir.

Imagem e conhecimento do mercado

Este item trata dos processos que a organização adota para conhecer seus clientes e os mercados (segmentação) e para ser conhecida, projetando sua imagem de maneira que os clientes saibam o que podem esperar dela. Está

---

[18] Kerr White. Manifestação pessoal em aula no Curso de Especialização em Administração Hospitalar e Sistemas de Saúde (Ceahs), uma parceria entre a Escola de Administração de Empresas de São Paulo da Fundação Getulio Vargas (Eaesp/FGV) e o Hospital das Clínicas da Faculdade de Medicina da Universidade de São Paulo (CFMUSP), em dezembro de 1976.
[19] Coluna de Vicente Falconi, na revista *Exame* de 16 jun. 2010.

Manual de gestão hospitalar

relacionado com todos os outros elementos do modelo, numa visão sistêmica da organização, exceto, talvez, com a gestão de pessoas (também chamadas por alguns de clientes internos). No caso do modelo proposto, quando se fala em *clientes*, está-se referindo aos *clientes externos*, aqueles que compram o serviço; quem trabalha nas organizações são as *pessoas* e, ao referir-se a elas, fala-se de *gestão de pessoas*.

É também importante refletir sobre a palavra mercado, que às vezes suscita incompreensões na área da saúde. O mercado é entendido como o ambiente econômico predeterminado em que se compete por recursos de qualquer natureza – mercado de consumidores, financeiro, de capitais, de hospitais públicos ou privados, de operadoras de saúde, de trabalho e até os mais recentes mercados de créditos de carbono na área ambiental (PGNS, 2009). A indústria de serviços de saúde compõe um mercado perfeitamente delimitado como um grande agente econômico que gira mais de R$ 138 bilhões por ano (Viana e Silva, 2011) e do qual fazem parte hospitais públicos e privados, operadoras de planos de saúde, estabelecimentos de atenção primária, clínicas de diagnóstico e terapêutica e serviços de atendimento domiciliar, não incluídas, entretanto, as indústrias produtoras de medicamentos, materiais e equipamentos médico-hospitalares. Na geração e circulação de riqueza o mercado gera também uma quantidade apreciável de empregos; em algumas localidades a indústria da saúde chega a ser a maior empregadora de mão de obra.

No item imagem e conhecimento do mercado devem-se considerar alguns marcadores, de que trataremos a seguir.

Segmentação do mercado e definição dos clientes-alvo

Estes são pontos básicos para se poder identificar, analisar e compreender as necessidades e expectativas dos clientes. Os clientes-alvo são aqueles para os quais os esforços da organização devem ser dirigidos. A segmentação procura identificar grupos de clientes com necessidades semelhantes, para fornecer a estes grupos aquilo de que eles de fato necessitam e o que desejam. É muito importante a diferenciação entre "necessitam" e "desejam". Diz-se que o comprador de serviços de saúde tem muita dificuldade para identificar e avaliar a qualidade daquilo de que ele realmente necessita. Talvez por esta razão os serviços de saúde tenham a capacidade, como nenhum outro setor da atividade econômica, de induzir demanda. Os consumidores têm dificuldades de agir com racionalidade na escolha de suas demandas. Geralmente o consumidor de serviços de saúde é cativo de decisões de consumo feitas por outros agentes; quando muito, deixa-se levar pelas externalidades do serviço prestado.

A segmentação é uma forma de dividir o mercado em subgrupos de clientes que permitam um nível homogêneo de serviços a serem ofertados. A segmentação pode se fazer por critérios (geográficos, demográficos), por patologias, por operadoras de planos de saúde etc. Na realidade, pouca atenção tem sido dada à segmentação de mercados na saúde; senão, como se explicaria a imensa concentração de hospitais ao longo do eixo da avenida Paulista, em São Paulo? Seguramente há um excesso de oferta naquela região, e os clientes desses hospitais não estão segmentados por um critério geográfico.

É importante, também, que as organizações de saúde segmentem seus clientes pelas diferentes patologias que eles apresentam quando procuram o serviço: cirúrgicas, cardiológicas, ginecológicas, obstétricas, pediátricas, de gastroenterológicas e outras. Também é bom segmentar pela via de acesso ao serviço: pronto-socorro, ambulatório, consultório médico etc. A forma como os pacientes chegam ao serviço (meio de transporte) pode ser outra segmentação de interesse: a pé, condução própria, transporte público (ônibus, metrô, táxi), ambulância. Obviamente o horário de chegada é um dado importante para avaliar a demanda potencial, principalmente em serviços de emergência: manhã, tarde, noite, madrugada, fim de semana etc.

Clientes importantes para serviços de saúde são os médicos, que referenciam os pacientes, principalmente em serviços ditos de corpo clínico aberto ou para serviços de apoio diagnóstico e terapêuticos. Nesse sentido o médico é um cliente do serviço, sendo o paciente por ele encaminhado apenas um usuário, muito embora possa ser também o pagador do serviço prestado e, nesse caso, atuará também como cliente.

Identificação, análise e compreensão das necessidades e expectativas dos clientes

As formas de os serviços de saúde interagirem com os pacientes visando conhecer suas necessidades ou expectativas podem ser:

- grupos focais com clientes atuais e potenciais;
- pesquisas ou entrevistas;
- estreita integração com clientes-chave (principalmente operadoras de planos de saúde ou médicos, no caso de hospitais de corpo clínico aberto);

84 Manual de gestão hospitalar

- treinamento da força de trabalho que atua na linha de frente em técnicas para ouvir clientes;

- técnicas do incidente crítico (reclamações, por exemplo) para entender o ponto de vista do cliente;

- entrevistas com clientes que deixaram de usar o serviço para saber suas razões.

Divulgação dos serviços, marcas e ações de melhoria

Presta-se a fazer a organização conhecida, para que o público, clientes e mercado saibam o que podem esperar dela. Isso serve para um ajuste de expectativas e evita conflitos e mal-entendidos: as pessoas não pretenderão o que a organização não esteja em condições de oferecer no momento. Para tanto é necessário que planos de comunicação sejam estabelecidos, definindo a utilização das diversas mídias. Dependendo do porte do hospital ou serviço de saúde, justifica-se a existência de uma estrutura de relações públicas, bem como uma assessoria de imprensa e de marketing. Isto está se tornando tão frequente que, em grandes centros urbanos, é comum médicos e clínicas pequenas disporem de assessorias de imprensa. É fácil verificar tal fato: quando médicos e clínicas de pequeno porte apresentam muita exposição na mídia, significa que possivelmente disponham desses serviços.

Os meios mais frequentemente utilizados são:

- veiculação de anúncios nas diversas mídias, sejam elas os grandes veículos de comunicação de massa (que são muito caros) ou a mídia dirigida a públicos específicos;

- materiais e folhetos, geralmente com o perfil da organização, estatísticas e informações gerais de acesso e contato;

- meios eletrônicos estão cada vez mais populares com as redes sociais de comunicação, como *blogs*, Facebook, Messenger, Twitter, Orkut e outros, úteis na prática do chamado marketing viral;

- patrocínio e participação em eventos têm sido uma das mídias mais utilizadas pelas organizações de saúde. Dependendo dos eventos, acrescentam uma imagem de cientificismo e uma aura de respeitabilidade à organização, o que é sempre bem-visto pelos clientes;

- visita a clientes preferenciais ou específicos é uma velha técnica de marketing, sempre utilizada com bons resultados;

- visita dos clientes às instalações do hospital para conhecer previamente o local em que se vai dar o atendimento, de maneira a diminuir ansiedades e temores do desconhecido. Esta prática diminui as incertezas e reforça (ou não) a segurança em relação à qualidade dos serviços a serem prestados.

Clareza, autenticidade e adequação das mensagens enviadas ao mercado

A comunicação cria expectativas no cliente e no mercado; portanto, prometer e não entregar constitui-se em "publicidade enganosa", definida na Lei nº 8.078/1990 (Código de Defesa do Consumidor), art. 37.

Níveis de conhecimento dos clientes e dos mercados

O conhecimento dos clientes e dos mercados se obtém por meio de diversos mecanismos para aferir se estes são capazes de se lembrar da organização e dos serviços prestados por ela, principalmente pelas pesquisas do grau de satisfação dos clientes, a mais tradicional das quais é a chamada *top of mind*. Esta pesquisa se constitui num levantamento amostral relativo à primeira lembrança de serviço que vem à cabeça do entrevistado diante da pergunta: "Qual o primeiro nome que lhe vem à cabeça quando se fala em hospital (ou laboratório, pronto-socorro etc.)?"

Imagem perante clientes e mercados

De acordo com Kotler, "a imagem organizacional é a forma como um indivíduo vê a organização".[20] Trata-se de um dos maiores bens intangíveis de qualquer organização e pode ter muito peso no processo de decisão de compra de um serviço de saúde, principalmente porque os clientes desses serviços sempre estarão interessados em colocar suas queixas, dores e padeceres nas mãos daqueles que tenham a melhor reputação para cuidar deles. É óbvio que o instinto de sobrevivência de qualquer um motive a busca da melhor reputação para cuidar de sua saúde. Um *clipping* diário das manifestações em todas as mídias permite à organização avaliar como está sendo transmitida sua imagem para o grande público. Kotler também sugere o uso

---

[20] Philip Kotler é professor de *international marketing* da Kellogg School of Management, Northwestern University, Evanston, Illinois. Ele é o autor do livro mais usado nos cursos de marketing em todas as escolas de administração no mundo, intitulado *Marketing management: analysis, planning, implementation and control* (Kotler, 1997).

de uma matriz de familiaridade-favorabilidade, que mede quanto cada público conhece (familiaridade) e conceitua (favorabilidade) uma organização como forma de avaliar a imagem (Kotler e Fox, 1994).

Relacionamento com os clientes

O relacionamento é um recurso fundamental para o entendimento, a gestão e o consequente atendimento das necessidades e expectativas dos clientes. Para isso é importante o estabelecimento de canais de comunicação que sejam colocados à disposição dos clientes para que eles possam manifestar-se, seja para reclamar, sugerir, solicitar algo ou fazer elogios. Mais do que estabelecer canais, também se espera que a organização retorne ao cliente o mais rapidamente possível, dando-lhe satisfação quanto à manifestação dele. A partir daí, é importante que a organização avalie o grau de satisfação (ou, o que pode ser mais importante, a insatisfação) do cliente e o consequente grau de confiança ou desconfiança. De nada adianta estabelecer esses canais se não for para, de fato, criar um relacionamento honesto e transparente com os clientes; se não for para isso, melhor não fazê-lo. A seguir apresentamos formas de conduzir o relacionamento com os clientes.

Definição e divulgação dos canais de relacionamento

É preciso que os clientes saibam como e o que eles podem fazer para se comunicar com a organização. Para isso existem: ouvidoria; CRM (*customer relations management*), ferramenta de gestão do relacionamento com os clientes; SAC (Serviço de Atendimento aos Clientes); acessos por meio de telefone, internet, folhetos, pesquisas de opinião e até mesmo as modernas redes de comunicação social. É preciso que tais ferramentas sejam adequadas à missão, porte e perfil da organização.

Tratamento das reclamações ou sugestões

É fator crítico, no relacionamento com os clientes, a presteza e eficácia no retorno às sugestões ou reclamações recebidas. Para que se obtenha tal resultado, é importante que todas (mesmo as colocadas de maneira informal) sejam levadas em conta, analisadas e tratadas rapidamente.

Comunicação sobre os resultados da análise das reclamações ou sugestões e implementação das ações

As sugestões e reclamações dos clientes não podem ser vistas como um aborrecimento para as pessoas que trabalham na organização ou como algo de que elas tenham de se desvencilhar rapidamente, gerando atitudes defensivas e hostis. Ao contrário, é preciso que a cultura da organização se aproprie desses mecanismos como uma oportunidade de aprendizado e melhoria, ou seja, "aprender com os incidentes". É importante que as manifestações dos clientes e as respostas da organização sejam amplamente divulgadas para que todos possam aprender com elas, sem permitir que o incidente se transforme em oportunidades de "caça às bruxas" ou de apontar dedos acusadores. O pior que a organização pode fazer é adotar a postura do avestruz ou tentar esconder suas mazelas embaixo do tapete, pretendendo que elas não existam.

Acompanhamento dos serviços prestados aos clientes

O acompanhamento, após a prestação do serviço, demonstra consideração para com o cliente, sendo um mecanismo de aumento da satisfação e da fidelização. Esse mecanismo é comumente referido como de "pós-venda". Geralmente é feito por meio de telefonemas específicos, visitas programadas ou cartas.

Acompanhamento de novos serviços com novos (ou antigos) clientes

É uma forma específica de pós-venda para novos serviços prestados a novos ou antigos clientes. Pode se tratar de novas rotinas, equipamentos, técnicas ou exames. De acordo com o tipo de serviço devem ser considerados apoios necessários para o início das atividades, que podem incluir folhetos de boas-vindas e explicativos resumindo o que vai ser feito.

Avaliação e comparação da satisfação, da fidelidade e da insatisfação

A avaliação da satisfação, da fidelidade e da insatisfação dos clientes pode ser feita de maneira qualitativa ou quantitativa. Uma avaliação eficaz está relacionada com a possibilidade de recompra no futuro e de fornecimento de referências positivas ou negativas sobre a organização. Podem-se usar pesquisas, questionários, grupos focais ou entrevistas para avaliar a satisfação. Para monitorar o grau de fidelização podem ser usados indicadores sobre a carteira de clientes, número de vidas cobertas pelo serviço, participação no mercado e frequência de utilização do serviço. O grau de fidelização deve ser confrontado com dados de utilização dos serviços da concorrência.

Intensificação da satisfação

A fidelidade é economicamente vantajosa, pois se sabe que custa mais caro conquistar novos clientes do que manter os antigos. A satisfação apenas não é suficiente para garantir a fidelidade, mas é o começo certo. É preciso estar atento às mudanças possíveis de expectativas dos clientes, àquilo que a concorrência está fazendo e a novas tendências que estão chegando. Os planos de fidelização de clientes decorrem de análise constante e sistemática de pesquisas, estatísticas de reclamações e soluções adotadas para resolvê-las, monitoramento de fatores adversos e de mecanismos específicos de incentivo à fidelização (FNQ, 2007i).

6
Relação com a sociedade[21]

As organizações não existem num vácuo social; a sociedade é sua razão de ser. Porque é da sociedade que saem os clientes e a mão de obra que vai permitir à organização realizar sua missão com sucesso. O valor da organização depende de sua credibilidade e do seu reconhecimento público, de modo que o zelo com a imagem é fundamental para o sucesso e perenidade dela. É preciso sempre lembrar que as organizações só existem porque a comunidade ao redor delas sanciona positivamente esta existência; assim, a sociedade sempre é uma das partes interessadas de qualquer organização. Existem relações de interdependência muito fortes entre as organizações e os ambientes nos quais estão inseridas. Isso gera compromisso e responsabilidade social, que exigem da organização algo mais do que simplesmente realizar sua missão; ela deve retribuir à sociedade não só produzindo bens ou serviços da melhor qualidade ao menor custo, mas também gerando riqueza e empregos. Sua responsabilidade social exige que ela não gaste mal os recursos que lhe são colocados à disposição para a consecução de seus objetivos, independentemente de sua capacidade de pagar por eles (lembrar que, em tempos de "apagão", não importa quanto dinheiro qualquer empresa ou pessoa tenha; ela não terá acesso à energia elétrica de que precisa se o fornecimento estiver suspenso); exige que se preocupe com a manutenção da sustentabilidade – sua e da sociedade como um todo. E esta sustentabilidade deve se concretizar contemplando, de maneira integrada, os três pilares clássicos: sociais, ambientais e econômicos.

Organização que queira desenvolver uma cultura de excelência precisa estar atenta para atuar proativamente quanto ao atendimento das necessidades da sociedade. Não é por acaso que todas as certificadoras incluem entre seus critérios de avaliação das organizações itens ligados à satisfação de obrigações para com a sociedade; se isso não fosse importante para certificar uma empresa como "boa" ou "excelente", tais itens não estariam ali. Empresas feitas para

---

[21] FNQ (2007j).

durar[22] cumprem suas responsabilidades sociais; é só prestar atenção e olhar ao redor para comprovar esta afirmação. Todos terão exemplos para citar de organizações de classe mundial, de excelência e poderão facilmente constatar que elas cumprem um ritual que comprova seu comprometimento social, que vai além da realização de suas missões. É preciso não confundir esses esforços com manifestações hipócritas e descaradamente mercadológicas praticadas por algumas organizações com intuito exclusivo de se promoverem. Agindo assim e sendo isso percebido pelos olhos da comunidade (o que não é difícil), a ação acaba retroagindo negativamente.

Às vezes fica difícil entender esses conceitos quando se trata de organizações de saúde, cuja missão já parece tão nobre e de necessidade comprovada do ponto de vista social. Contudo, o envolvimento social dessas organizações se impõe, devido às suas características como referência para a sociedade; elas não passam despercebidas aos olhos das pessoas, como poderia ocorrer com um estabelecimento comercial ou industrial, por exemplo. Existe uma consideração implícita das pessoas pelas organizações de saúde, seja pelo que elas representam ou por experiências pessoais que cada um tem a relatar com relação a elas. É só lembrar a importância de uma Santa Casa para as pequenas comunidades do interior do país; ou dos grandes hospitais de referência nos centros urbanos. Dessa forma, mais ainda se impõe o papel de modelo que elas devam representar para a sociedade como um todo. A liderança na cidadania permite que elas influenciem outras organizações, o que, fica bem claro também no caso de organizações de comunicação, em que

> além do dever como empresa as organizações de mídia têm uma função ainda mais relevante, que é a responsabilidade pelo conteúdo que divulgam; [...] o conteúdo jornalístico segue diretrizes de responsabilidade com a informação, independência editorial, fiscalização dos poderes públicos, mobilização dos cidadãos para temas de interesse da sociedade e debate dessas questões.[23]

Cumprir com sua função social implica, em primeiro lugar, cumprir a lei em todos os seus aspectos; esta é uma manifestação mínima de respeito pelos

---

[22] *Feitas para durar: práticas bem-sucedidas de empresas visionárias* é um livro fruto da investigação dos professores James Collins e Jerry Porras e dezenas de outros pesquisadores da Universidade de Stanford (Collins e Porras, 2000).

[23] Relatório de responsabilidade corporativa de 2010 do jornal *O Estado de S. Paulo.* Disponível em: <www.estadao.com.br/rc2010/>. Acesso em: 11 nov. 2011.

cidadãos que compõe o grupo social no qual a organização está inserida. Mas apenas cumprir a lei não faz uma "organização cidadã"; é preciso que ela se preocupe com que os outros também cumpram as determinações legais. Assim, as organizações não só devem cumprir a lei como orientar, direta ou indiretamente, as pessoas a elas associadas para que o façam, e a melhor forma de orientação é o exemplo. Isso perpassa uma sensação de ordem institucional que terá impacto na vida das pessoas envolvidas com a organização e criará confiança e respeito. Para as organizações de excelência não é suficiente cumprir os requisitos legais; elas buscam superá-los na convicção de que, ao longo do tempo, eles serão mais rigorosos, em função dos níveis cada vez maiores de conscientização da sociedade.

O elemento *sociedade* do modelo contempla dois itens: responsabilidade socioambiental; ética e desenvolvimento social.

Responsabilidade socioambiental

Os requisitos deste item visam orientar a organização para a importância de minimizar impactos negativos que seus processos e instalações possam representar para a sociedade, para a conservação dos recursos e do meio ambiente. Organizações de saúde (hospitais, laboratórios etc.) são grandes consumidores de recursos (água, energia e outros), assim como poluidores, pela criação de grandes quantidades de resíduos orgânicos contaminados, tóxicos ou radioativos. É importante destacar a preocupação com aspectos sociais e ambientais. Os subitens da responsabilidade socioambiental são tratados a seguir.

Eliminação ou minimização dos impactos sociais e ambientais

Para que se consiga eliminar ou minimizar os impactos é preciso, primeiro, conhecê-los. A identificação abrange todas as fases do processo até a disposição final dos resíduos, que é responsabilidade da organização de saúde mesmo quando tais resíduos são transportados por terceiros (nunca é demasiado lembrar do episódio do Césio 137, ocorrido no Brasil anos atrás).

Comunicação dos impactos sociais e ambientais à sociedade

A comunicação dos impactos, pela organização, à sociedade deve ser feita de forma a mostrar transparência e obter credibilidade. Tal comunicação pode acontecer em duas situações:

92 Manual de gestão hospitalar

- *normal*, quando o processo ou o serviço prestado está dentro da normalidade). Geralmente é feito por meio dos chamados "relatórios sociais" ou por práticas do tipo *open house*, em que pessoas da comunidade são convidadas para conhecer as instalações e verificar *in loco* as preocupações socioambientais da organização. Serviços de imagens e radioterapia, por exemplo, devem estar constantemente monitorando seus equipamentos e as pessoas que com eles trabalham para saber se não está havendo vazamento de radiação e se as precauções que a legislação impõe estão sendo cumpridas;

- *anormal*, quando algum desvio ocorre e é preciso informar à sociedade de alguma ação específica que a organização tomou para remediar o erro ou para minimizar os efeitos do problema. Nesse caso, quanto mais rapidamente a organização agir, melhor; uma postura antecipatória é recomendável.

Tratamento de pendências e sanções legais, regulamentares e contratuais

É aconselhável que a organização mantenha suas equipes permanentemente atualizadas com respeito à legislação e regulamentações pertinentes, bem como aos seus contratos. No caso de sanções pelo não atendimento de alguma legislação, as respostas têm de ser rápidas e de conhecimento da sociedade.

Preservação dos ecossistemas e conservação dos recursos naturais

As organizações são entendidas como organismos sociais vivos em constante adaptação ao meio ambiente no qual estão inseridas e, para que elas tenham um desenvolvimento sustentável, precisam contribuir para a preservação dos ecossistemas e a conservação dos recursos. Para tanto, precisam identificar as ações em que sua contribuição poderá ser feita e realizá-las. Exemplos disso são o tratamento dos efluentes; o reaproveitamento de águas pluviais; campanhas internas para evitar desperdícios de energia; conservação de recursos não renováveis, como água, combustíveis, madeira, plástico e metais, além de esforços para deixar os ambientes de saúde livres da presença de mercúrio.

Conscientização quanto à responsabilidade socioambiental

Usando sua influência disseminadora de boas práticas, é esperado que as organizações de saúde atuem como elementos de multiplicação de ações de responsabilidade socioambiental perante as partes interessadas com as quais se relaciona. Exemplos disso podem ser:

- cláusulas contratuais que requeiram adesão a compromissos sociais e ambientais;
- introdução, nos instrumentos de avaliação de desempenho, de requisitos ligados a aspectos sociais e ambientais;
- programas de incentivo à certificação de sistemas de gestão ambiental ou de responsabilidade social.

Ética e desenvolvimento social

Talvez em nenhum dos itens do modelo proposto as organizações de saúde tenham tanto a contribuir quanto neste. Por serem elas essencialmente sociais, e por ser a ética uma disciplina inseparável da prática dos profissionais da saúde, não se pode imaginar onde mais este item possa se manifestar com maior desenvoltura e mais apropriadamente. Numa expressão mais simples do que seja ética, pode-se dizer que ela está relacionada com o respeito aos direitos de cada um: onde começa o de um acaba o do outro e vice-versa. Pelas características das ações de saúde pode-se entender a importância dos preceitos éticos, uma vez que as pessoas se desnudam (às vezes, literalmente) diante dos profissionais da saúde, contando-lhes coisas que não contariam nem para seus amigos mais íntimos, confidentes ou confessores. Fazem isso na esperança de que, assim agindo, contribuam para que o profissional possa descobrir o que está errado com elas. Ora, um profissional que merece tanta confiança de seus pacientes deve, no mínimo, retribuir com o mesmo grau de confiança dele esperado. Não é por acaso que os códigos de ética dos profissionais da saúde deles exigem sigilo no trato das informações confidenciais que lhes forem repassadas no contexto de uma consulta ou relacionamento profissional. Assim também o juramento que os formandos destas profissões professam (a começar pelo de Hipócrates, o "pai da medicina") no momento em que ingressam na profissão estabelece que não farão mau uso das informações a que tiverem acesso na prática profissional. Isto é assim e assim deve ser, para que a confiança, base desta relação profissional, permaneça e prospere.

Portanto, neste segundo item do elemento *sociedade*, devem ser analisados:

- o relacionamento ético da organização com suas partes interessadas e, principalmente, com a concorrência;
- como a organização colabora para fortalecer a comunidade ao seu redor;

- a prática de políticas não discriminatórias e voltadas para a inserção de minorias na força de trabalho.

A seguir comentaremos os aspectos a serem considerados nesta análise.

Relacionamento ético

"A ética é a base da responsabilidade social, expressa nos princípios e valores adotados pela organização. Não há responsabilidade social sem ética nos negócios."[24] Para que isto se transforme em prática, é aconselhável que a organização adote um código de ética que explicite os princípios adotados por ela, bem como o comportamento esperado de todos que nela militam. Nesse código estarão especificados os comportamentos esperados com relação à sociedade (governo, comunidade, imprensa e meio ambiente), as relações internas (liberdade de expressão, preconceitos, oportunidades, conflitos etc.), as relações com fornecedores e parceiros, com clientes e com concorrentes.

Estímulo ao comportamento ético

Faz-se pela divulgação ampla dos compromissos éticos assumidos pela organização e pelo comportamento de suas lideranças compatível com esses compromissos. É fundamental o papel dos médicos como exemplos desse comportamento, especialmente em hospitais-escola, quando eles também são professores que formam novos profissionais.

Identificação de necessidades

Inicia-se pela segmentação das comunidades no entorno da organização (populações vizinhas, escolas, órgãos públicos, associações de bairro). Hospitais de periferia ou próximos de comunidades mais carentes podem sofrer ações de vandalismo ou violência patrimonial e contra pessoas. Para minimizar os efeitos destas ações é importante a aproximação da organização (por meio de seus agentes) com as lideranças do entorno, identificando as necessidades da população. A partir desta aproximação torna-se possível desenvolver ações de comum acordo com a comunidade.

---

[24] Instituto Ethos. Perguntas frequentes. Como a ética se relaciona com a responsabilidade social? Disponível em: <www.ethos.org.br>. Acesso em: 11 nov. 2011.

Projetos sociais

Devem ser desenvolvidos a partir do conhecimento das necessidades e expectativas da comunidade, conforme visto no tópico anterior. Alguns hospitais desenvolveram ações de aproximação com a comunidade que podem ser resumidas em: distribuição de cestas básicas para as famílias; aulas de recuperação dadas por funcionários no hospital para crianças com dificuldades na escola; cursos em geral para mães de família; atividades de recreação e lazer para as famílias no hospital, nos fins de semana e feriados; celebrações de datas simbólicas especiais no hospital; diagnóstico e terapêutica gratuitos para grupos específicos etc. Ao desenvolver projetos especiais, a organização deve também estimular seus fornecedores, clientes e parceiros em geral a participar desses esforços, bem como considerar a possibilidade de sinergias com órgãos governamentais ou ONGs. É sempre bom estimular a participação da força de trabalho nesses projetos, mesmo em horário de expediente (portanto, trabalho remunerado), hipótese em que é necessário verificar previamente se há disponibilidade de recursos para tal.

Avaliação do grau de satisfação da sociedade

Uma vez desenvolvidos os projetos, é preciso fazer avaliação do grau de satisfação da sociedade com eles. A forma mais fácil e comum de fazer isto é a pesquisa dirigida a representantes da comunidade.

Políticas não discriminatórias e trabalho infantil

Devem fazer com que a organização respeite, em suas práticas e relações de trabalho, a diversidade de raça, gênero, classe social, nacionalidade, religião, orientação sexual, idade, filiação político-partidária e sindicalização. A organização deve respeitar o estatuto da criança e do adolescente em suas práticas trabalhistas, bem como incluir nos critérios de seleção de fornecedores cláusulas contra a exploração de mão de obra infantil e utilização de trabalho forçado.

Imagem perante a sociedade

Está relacionada à visão global que a sociedade tem da organização com base na atuação desta ao longo de sua historia, seja na realização de sua missão ou na concretização de suas ações éticas e de desenvolvimento social.

7
Informações e conhecimento[25]

D iz-se que esse elemento se constitui na inteligência do modelo; é com o conhecimento advindo das informações que se pode fazer a gestão tender à excelência. Pode-se dizer que seria o elemento integrador do modelo, razão pela qual está representado, no gráfico apresentado na introdução deste livro (figura 1), por um círculo envolvendo os demais elementos. O círculo é a representação geométrica da integração, por não ter destaques e por todos os seus pontos estarem equidistantes do centro. Dados gerados no nível operacional da organização são analisados e correlacionados entre si de maneira a formar indicadores. Pela análise do desempenho, das tendências e da relevância desses indicadores é possível criar séries históricas e conhecer a organização. As organizações tratam uma enorme quantidade de dados, gerando informações que são armazenadas e disponibilizadas para os usuários internos e externos por meio dos sistemas de informação existentes, e tais informações subsidiam a tomada de decisão na organização. Diz-se hoje que, diante da pletora de informações disponíveis em todos os níveis, o grande desafio, dentro e fora das organizações, é saber usá-las bem, distinguindo aquilo que realmente faz diferença para o processo decisório daquilo que se constitui em poluição informativa. Por esse prisma serão mais bem-sucedidas as organizações (e as pessoas) que souberem resolver melhor essa equação.

O sistema de informação refere-se à gestão eficaz das informações da organização e das informações comparativas, para apoiar seus principais processos e a gestão de seu desempenho. O sistema de gerenciamento das informações e do conhecimento pode ser considerado o centro de atividades, o "cérebro" da organização para o alinhamento das operações com as diretrizes estratégicas. Embora o foco principal recaia sobre informações para a gestão eficaz do desempenho, a informação em si e a tecnologia da informação frequentemente têm importância estratégica. Por exemplo, tecnologia da informação pode ser usada para acumular e disseminar conhecimento sobre clientes e mercados,

---

[25] FNQ (2007l).

98 Manual de gestão hospitalar

o que capacitaria o hospital a, rapidamente, personalizar serviços por meio da gestão de preferências. Também a tecnologia da informação e as informações tornadas disponíveis por essa tecnologia podem ser uma vantagem adicional nas redes ou alianças estratégicas. Como se verá abaixo, os aspectos mais importantes para o gerenciamento das informações dizem respeito:

- ao processo de seleção, uso e gerenciamento das informações necessárias para apoiar as operações, a tomada de decisão e as melhorias no desempenho da organização;
- ao desenvolvimento e integração do sistema de indicadores de desempenho da organização;
- ao atendimento das necessidades dos usuários das informações, incluindo disponibilidade, tempo de acesso, nível de atualização e confiabilidade;
- à disseminação das informações aos usuários para assegurar a consecução das principais metas da organização.

Como se pode facilmente perceber, todos os elementos do modelo estão fortemente relacionados com este. Os itens que o compõe são: informações da organização, informações comparativas e ativos intangíveis.

Informações da organização

Primeiramente parece ser apropriado (embora desnecessário para alguns) fazer uma clara distinção entre os conceitos de informação e comunicação. Informação, como se verá ao longo de todo este capítulo, se constitui no produto da análise de indicadores, enquanto que comunicação diz respeito à troca de mensagens (que podem até ser informações) entre dois agentes. Também é importante conceituar sistema de informação como um sistema automatizado (ou não) formado por pessoas, máquinas e métodos organizados para a coleta, processamento, transmissão e disseminação de dados que representam informações de usuários. No caso de ser usado para a tomada de decisão, o sistema se caracteriza como de gerenciamento.

É importante destacar que o sistema pode ou não ser informatizado. Os livros usados para registro de ocorrências da enfermagem ou de outros setores ou finalidades (controle de coleta e transfusão de sangue etc.) existentes em todos os hospitais do mundo (independentemente da sofisticação dos aplicativos informatizados disponíveis) fazem parte do sistema de informações desses hospitais. Se, apesar da simplicidade e economicidade, esses sistemas não informatizados satisfazem as necessidades da organização, não há porque sofisticá-los ou encarecê-los desnecessariamente.

Podemos classificar as informações nas organizações de saúde em três grandes grupos:

- *informações para apoiar as operações diárias* – são aquelas usadas nas rotinas da organização, como os prontuários, que contêm todos os dados sobre o diagnóstico e tratamento dos pacientes internados, em acompanhamento ambulatorial ou domiciliar. Estas informações, geralmente usadas pelos profissionais que atuam na organização, têm ultimamente, com a evolução da internet, sido estendidas também a outros usuários, mesmo de fora da organização (não é o caso dos prontuários dos pacientes que permanecem protegidos pelo sigilo médico);

- *informações para acompanhar o progresso dos planos de ação* – são aquelas usadas para acompanhamento, pela direção e demais lideranças, dos projetos e ações desdobrados a partir das estratégias formuladas;

- *informações para tomada de decisão* – são as compiladas de diversas instâncias de processos da organização que produzem dados qualitativos (assim como quantitativos) para avaliar a evolução de resultados e o alcance de metas no âmbito da análise do desempenho e do gerenciamento dos processos. O que caracteriza tais sistemas é o seu emprego para a tomada de decisão.

No que tange à informação, há cinco processos gerenciais, que abordaremos na sequência.

Identificações das necessidades de informações

As organizações devem elaborar, implementar e manter periodicamente um plano de informatização, considerando as necessidades dos usuários. São três as principais necessidades dos usuários da informação:

- apoiar as operações diárias;
- acompanhar os progressos dos planos de ação;
- subsidiar os processos de tomada de decisão.

O levantamento de necessidades para os sistemas de informação não informatizados deve seguir a mesma lógica.

Estruturação de sistemas de informação

Os sistemas de informação compreendem o software e o hardware disponíveis na organização para receber, armazenar, processar e disponibilizar sistematicamente as informações para apoiar as operações do dia a dia, acompanhar o progresso dos planos de ação implementados e apoiar os processos de tomada de decisão. Devido à complexidade e aos altos custos dos sistemas de informação, o emprego de mecanismos gerenciais é importante para evitar desperdícios e atender às necessidades da organização. Esses mecanismos devem envolver as fases de definição (definição das características do sistema, seleção de hardware e software compatíveis com as necessidades, integração e interfaces com os sistemas existentes etc.), desenvolvimento (capacitação do corpo técnico, aproveitamento dos investimentos realizados, conversões de bancos de dados etc.), implantação (ensaios e testes-piloto, informação, treinamento e suporte aos usuários etc.) e atualização dos sistemas (equipes de manutenção, liberação de novas versões, atualização de documentação e o que mais se faça necessário).

Atualização tecnológica dos sistemas desenvolvidos

É difícil gerenciar a atualização tecnológica dos sistemas de informação, principalmente pela dificuldade de avaliar as tecnologias disponíveis e necessárias para sustentar as estratégias da organização. Para isso é preciso recorrer a especialistas internos e externos que acompanhem a evolução do estado da arte da tecnologia disponível.

Disponibilização das informações aos usuários

A disponibilização das informações aos usuários tem a característica de uma prestação de serviço interna, cuja complexidade varia de acordo com o perfil da organização. Eventuais deficiências nesse serviço podem criar problemas sérios para as organizações, em muitos casos até paralisando suas atividades. Por isso, e também em razão da especialização necessária e atualização constante, não é raro as organizações de certo porte terceirizarem tais operações. É importante a organização monitorar a disponibilidade desse serviço, até por razões de segurança (ver item "Segurança das informações", a seguir), incluindo serviços regulares de *help desk* para suporte e resposta a problemas surgidos.

Segurança das informações

A gestão da segurança das informações cada vez mais preocupa as organizações. Ela visa garantir a atualização e preservação da confidencialidade, a integridade e a disponibilidade das informações. É de todo aconselhável que as organizações estabeleçam políticas de segurança das informações que avaliem e tratem dos riscos relativos; definam responsabilidades, alçadas, níveis de classificação, disponibilidade para acesso e propriedade das informações; implementem ferramentas de proteção de instalações e de bancos de dados, além de mecanismos que assegurem a continuidade dos serviços de informação em situações de emergência. A gestão da segurança das informações deve levar em conta quatro aspectos básicos: atualização, confidencialidade, integridade e disponibilidade.

Atualização das informações

O nível de atualização pode variar de acordo com as necessidades dos usuários. Essas necessidades podem ter limites técnicos ou financeiros. Por exemplo, sabe-se que a recuperação de dados *on line* consome mais recursos computacionais para assegurar bom tempo de resposta do que se forem fornecidos em pacotes (*batch*). Nem sempre uma área abastecedora de dados tem recursos para alimentar os sistemas em tempo real; por isso a organização deve gerenciar o nível de atualização de acordo com os recursos disponíveis, sem perder a atualização possível e necessária.

Confidencialidade das informações

É comum, em grandes organizações, as regras de confidencialidade serem incorporadas em códigos de conduta da força de trabalho, em cláusulas de confidencialidade em contratos ou em classificações que incluem dados "somente para uso interno", "confidencial", "confidencial restrito" ou "confidencial registrado". Na área da saúde, em grande parte a confidencialidade é garantida por meio dos códigos de ética das categorias profissionais ou, o que está se tornando cada vez mais frequente, das próprias organizações.

Integridade das informações

É importante a preocupação com a exatidão e a integridade das informações que circulam dentro das organizações. No caso da saúde a inexatidão de uma informação pode significar a morte de um paciente. Para garantir exatidão e integridade, sugere-se a implantação de mecanismos para:

102 Manual de gestão hospitalar

- verificação da autenticidade de documentos de entrada no sistema de informação e saída dele, sejam eletrônicos ou impressos. Laboratórios de análises clínicas têm bastante experiência com esse mecanismo;

- checagem da consistência, integridade e exatidão de dados de entrada no sistema de informações. Hospitais sabem bem a importância de consistir dados dos pacientes que estão sendo atendidos com aqueles registrados sobre eles;

- controle de arquivos armazenados por qualquer meio: microfilme, eletrônico e outros. Há muita controvérsia quanto à conveniência e necessidade da guarda, por longos períodos, de documentos de pacientes, principalmente com as constantes evoluções tecnológicas na área de diagnóstico. Questiona-se a importância de dados muito antigos e a pertinência (exigência) legal desta prática;

- inspeções de qualidade de relatórios, controle de versões e licenças dos aplicativos informatizados e de outras ferramentas.

Disponibilidade das informações

É possível através dos mecanismos que asseguram pronto acesso às informações, como o emprego de sistemas *on line*, canais de acesso via internet, computadores e dispositivos de acesso remotos para os usuários, proteção física do hardware e utilização de sistemas redundantes para permitir o pronto restabelecimento do acesso e a continuidade do serviço no caso de perda de informações ou de desastres.

Informações comparativas

Quando se fala em desempenho, está se falando em informações comparativas. De forma análoga, não é possível falar em aumento de competitividade sem pensar nas informações comparativas. São essas informações que permitem às organizações conhecer seus graus de competitividade, possibilitam-lhes definir metas baseadas em fatos e, por meio do *benchmarking*,[26] conhecer

---

[26] Trata-se de metodologia para investigação de características de produtos, serviços ou processos similares em outras organizações, dentro ou fora do setor de atuação da organização, com a finalidade de identificar oportunidades de melhoria. O nível de desempenho de produtos, serviços ou processos é uma das características que devem ser investigadas.

novos aspectos de seus serviços (ou produtos), processos operacionais e gerenciais. O gestor precisa comparar sua organização com outras do mesmo ou de outro setor de atividade, com referenciais de excelência conhecidos ou mencionados na literatura nacional ou internacional. Para isso é preciso estar atualizado com o que acontece no setor, através de publicações especializadas, científicas ou não, participação em associações representativas, frequência a encontros, palestras, seminários ou congressos e assim por diante. Em último caso o gestor tem de, no mínimo, comparar sua organização com ela mesma, analisando séries históricas de dados; obtenção de metas quantificáveis definidas no planejamento estratégico etc. É aconselhável, para o gestor da área da saúde, buscar referenciais fora do setor, principalmente para processos gerenciais. Nenhum lugar melhor para fazer *benchmarking* de acolhimento do que a indústria hoteleira; de agendamento e de segurança do que as empresas aéreas; de uso da informática do que os bancos. A comparação sistemática de processos permite descobrir desempenhos superiores a serem emulados, incorporando novas ideias encontradas. Os Nageh[27] do CQH são grupos de *benchmarking* que reúnem profissionais de várias organizações (de diferentes setores da indústria hospitalar) para, periodicamente, discutir formas de melhorar seus processos e conduzi-los de maneira mais eficiente e eficaz. Genericamente o *benchmarking*[28] abrange quatro processos gerenciais:

- definição das necessidades das informações comparativas;
- identificação de organizações consideradas referenciais;
- identificação de fontes, obtenção e atualização das informações comparativas;
- utilização efetiva das informações comparativas.

Geralmente o *benchmarking* acontece em cinco fases:

- planejamento;
- análise;

---

[27] Núcleos de apoio à gestão hospitalar. Os participantes destes grupos são orientados por rígidos códigos de conduta que permitem a troca transparente e amadurecida de informações. A riqueza das discussões nesses grupos é incomparável.
[28] FNQ (2007e).

104 Manual de gestão hospitalar

- integração;
- execução;
- amadurecimento.

Diz-se que o gestor que não compara não está fazendo gestão. Muitos são tentados a dizer que seus negócios (empresas, organizações) são únicos e não há nada parecido com que se possa comparar. Afirmações dessa natureza não são raras e facilmente se percebe, por trás desse raciocínio, alguma arrogância (ainda que velada) em se pretender único e diferente de todos os demais. Às vezes há, subjacente nesse comportamento, alguma dose de receio maldisfarçado em aparente soberba. Receio de se comparar com os concorrentes e se sentir diminuído ou rebaixado. É fácil dizer que nada se compara com a organização da qual se é parte; difícil é isto ser verdade.

É difícil estabelecer metas desafiadoras e buscar melhorias contínuas se não se compara o desempenho de uma organização com o de outras. Informações comparativas, inclusive de referenciais de excelência, normalmente provocam melhorias significativas e podem alertar a organização sobre ameaças da concorrência e sobre novas práticas, e ainda ajudam na compreensão dos próprios processos. Como se verá a seguir, os aspectos mais importantes a levantar são:

- a seleção de organizações que possam ser referenciais para outros hospitais;
- os métodos de obtenção das informações comparativas;
- os tipos de informações e indicadores comparados;
- o uso das informações para melhorar o entendimento sobre os processos, estabelecer metas audaciosas e promover melhorias de grande impacto no desempenho da organização.

Identificação das informações comparativas necessárias

As informações mais relevantes são as que estão relacionadas com a missão, a visão e os focos estratégicos da organização, e não aquelas que são as mais fáceis de obter. As informações quantitativas estão relacionadas à avaliação do desempenho e à definição de metas para apoiar a tomada de decisão; as qualitativas estão relacionadas às formas de melhorar os serviços e processos. Há dois tipos de informação de que as organizações necessitam para fazer comparações:

- *informações comparativas de resultado* – são as mais frequentemente utilizadas e mais facilmente coletadas, e também as de contribuição mais restrita, uma vez que, dependendo dos resultados comparados (de preferência os alinhados com a missão, a visão e os focos estratégicos da organização), pode haver limitações nas comparações possíveis. É importante primeiro definir os indicadores que serão comparados e, depois, as informações comparativas ideais e a estratégia de comparação;
- *informações comparativas para melhorar serviços e processos* – definem as necessidades de *benchmarking* de serviços e processos a partir de três premissas: problemas identificados, cultura de aprendizado e observação de diferencial de competitividade desfavorável em desempenho comparado.

Identificação de organizações consideradas referenciais

A identificação das organizações consideradas como referencial comparativo deve fazer-se a partir de critérios definidos pela organização em função do propósito da comparação. Esses critérios podem estar relacionados com a qualificação da força de trabalho, do material e equipamentos utilizados ou de resultados comprovados. É importante, nesse aspecto, não se deixar levar por modismos ou pela "pirotecnia" das promoções mercadológicas, muitas vezes até escamoteadas como "científicas". Há muita atividade pseudocientífica na área da saúde e é preciso separar o joio do trigo.

Identificação de fontes, obtenção e atualização das informações comparativas

Estratégias válidas e lícitas devem fazer parte do padrão gerencial para obtenção das informações. A Santa Casa de Porto Alegre, por exemplo, identifica referenciais comparativos por meio de critérios entre os quais se destacam: capacidade de disponibilizar as informações com a qualidade e nos prazos desejados; perfil e complexidade similares; ser referencial no mercado. Nesse processo são contempladas as seguintes etapas: disponibilidade interna para análise das informações; utilização das informações comparativas; e estabelecimento de metas.

Uso efetivo das informações comparativas

O uso efetivo das informações levantadas requer, dos gestores das organizações, disciplina e método. O uso deve ser fomentado pelos valores e princípios organizacionais de incentivo e aceitação da referenciação externa como algo natural e salutar para o desenvolvimento das organizações. É óbvio que estas referências têm de ser submetidas a um processo de adaptação interna à cultura e à realidade da organização.

Ativos intangíveis

Este item refere-se a ativos intangíveis que geram diferenciais competitivos. É importante destacar esse aspecto (geração de diferenciais competitivos) uma vez que os conceitos envolvidos aqui nem sempre são de fácil compreensão; se os ativos se perdem no emaranhado das relações operacionais do dia a dia, então não serão considerados aqui. Trata-se do capital intelectual da organização, cuja gestão requer quatro processos básicos: identificação, desenvolvimentos, manutenção e proteção, desenvolvimento e preservação do conhecimento.

Identificação dos ativos

Os ativos intangíveis podem estar no reconhecimento ou no posicionamento no mercado (marcas), nos recursos humanos (capacidade, conhecimentos, habilidades e experiência desenvolvida na organização), na propriedade intelectual (patentes), no capital de relacionamento com as partes interessadas, no modelo de atendimento, na flexibilidade comercial, em serviços inovadores, na satisfação dos clientes, em softwares desenvolvidos na organização, na infraestrutura gerencial e de processos. Uma vez identificados os ativos, é preciso avaliar sua expansão com fatos, já que não é possível quantificá-los.

Desenvolvimento dos ativos

Faz-se por meio de práticas de *benchmarking*, de pesquisa e desenvolvimento, de busca e incorporação de novas tecnologias e de qualquer outra maneira que promova o aumento do diferencial competitivo. Isto pode ser conseguido pelo incentivo à produção interna de conhecimento, pelo desenvolvimento do pensamento criativo e inovador, com premiação para novas ideias e sugestões implementadas. Deve ser estimulada a participação em feiras e congressos, leituras de publicações científicas, visitas e missões de estudo.

Manutenção e proteção desses ativos

É um dos grandes desafios para qualquer organização. Por serem ativos intangíveis, não se pode trancá-los num cofre nem fechar as portas para evitar sua saída. As maneiras mais comuns de protegê-los são os registros de propriedade e patentes, a restrição de acesso a certas áreas e processos produtivos, as políticas de incentivo para a atração e retenção dos melhores profissionais, bem como o registro do conhecimento desses profissionais em bancos de dados e manuais que permanecem na organização mesmo se e quando eles forem embora.

Desenvolvimento e preservação do conhecimento

Faz-se após a identificação e reconhecimento daquilo que é crítico associado a cada ativo identificado, a fim de possibilitar um foco especial no seu desenvolvimento. Isso pode ser alcançado através de análise feita pelos gestores e especialistas envolvidos com o ativo, utilizando ferramentas como *brainstorming*, análise de Pareto, diagramas de espinha de peixe ou outras. Também podem ser usadas outras ferramentas gerenciais, como desenvolvimento de projetos em equipe, trabalhos documentados e padronizados, sistemas de gestão e sistemas de informação armazenados em rede, concursos de ideias bem-sucedidas, intercâmbio de experiências entre os profissionais, instrutores internos etc.

8
Gestão de pessoas[29]

Qualquer ação eficaz, mesmo nas grandes empresas, ocorre num nível pessoal. Na medida em que se caminha para um mundo de equipes de trabalho autogeridas, com menos comando e menos controle da gerência, a maneira como se lida com as pessoas é fundamental. Numa organização comprometida com a tarefa de melhorar constantemente seu desempenho, as equipes representam instrumento fundamental para a excelência gerencial. No caso de hospitais, onde o serviço é prestado a pessoas fragilizadas pela doença e vulneráveis em sua sensibilidade, mais do que em qualquer outra empresa o fator humano é fundamental. A humanização no atendimento não pode ser considerada um fim em si mesma, mas resultado de uma ação integrada que leve à excelência gerencial e, como consequência, à assistência humanizada. Esforços para humanizar hospitais, fora de um contexto gerencial que crie condições para isso, são pouco eficazes. Melhor seria concentrar esforços em desenvolver um modelo de gestão sistêmico, integrado e que crie condições para que o atendimento humanizado aconteça naturalmente e não de forma artificial.

É muito comum falar sobre a valorização das pessoas sem que esta intenção venha acompanhada de ações concretas. O discurso da valorização das pessoas é o politicamente correto e ninguém ousa contradizê-lo, porém atuar de acordo com ele nem sempre é o que se vê na prática. Quase todos se vangloriam, em público, de que "as pessoas são o maior capital que tem a empresa", mas as ações praticadas nem sempre se coadunam com esta afirmação. É preciso deixar a hipocrisia de lado quando se trata de fazer boa gestão de pessoas, porque ninguém engana ninguém.

Os produtos e serviços hospitalares tornam-se cada vez mais complexos, exigindo uma cultura de excelência gerencial humanizada para compensar a avassaladora presença da tecnologia intermediando os contatos humanos. É preciso sempre relembrar que serviços médico-hospitalares são prestados por

---

[29] FNQ (2007f).

pessoas a pessoas. O sucesso de uma organização depende cada vez mais do conhecimento, habilidades, criatividade e motivação das pessoas que nela trabalham. O sucesso das pessoas, por sua vez, depende cada vez mais de oportunidades para aprender e de um ambiente favorável ao pleno desenvolvimento de suas potencialidades.

Nesse contexto, a promoção da participação das pessoas em todos os aspectos do trabalho destaca-se como um elemento fundamental para obtenção de sinergia dentro das equipes. Pessoas com habilidades e competências distintas formam equipes de alto desempenho quando lhes é dada autonomia para alcançar metas bem-definidas. A valorização das pessoas leva em consideração a diversidade de anseios e necessidades que, uma vez identificados e utilizados na definição das estratégias, dos planos e das práticas de gestão, promovem o desenvolvimento, o bem-estar e a satisfação delas.

O modelo proposto divide o elemento gestão de pessoas em três itens: sistemas de trabalho; educação, treinamento e desenvolvimento; e bem-estar e satisfação das pessoas.

Sistemas de trabalho

Neste item destaca-se o modo como as pessoas estão organizadas, são estimuladas e capacitadas e como são mantidos um ambiente de trabalho e um clima organizacional adequados para o bom desempenho das tarefas. O organograma mostra, graficamente, a estrutura formal dos cargos no hospital, demonstra os níveis de função em que está dividida a estrutura organizacional. É desejável que esses níveis sejam poucos, de maneira a não distanciar o nível estratégico do operacional, eis porque grandes empresas transnacionais não têm mais do que três níveis hierárquicos. Dependendo de como a cúpula estruture o hospital, serão definidas as posições das equipes, times, comissões ou outras formas encontradas para organizar os esforços das pessoas. As bases dessa estrutura devem se fundamentar em critérios e fixação de responsabilidades atribuídas racionalmente, tornando claras e precisas as relações de trabalho, de maneira a integrar, desenvolver e coordenar as atividades para atingir objetivos definidos.

Essa estrutura deve criar condições para que a iniciativa das pessoas se manifeste, acompanhada da decorrente responsabilidade; estimular a flexibilidade e reações mais rápidas aos requisitos de mudanças no hospital e assegurar comunicações eficazes entre as unidades de trabalho que precisem atuar em conjunto para atender os requisitos dos pacientes.

Da mesma forma, a estrutura permite estabelecer um enfoque para a remuneração e o reconhecimento das pessoas que trabalham no hospital. Tais aspectos referem-se a todas as formas de pagamento e recompensa, incluindo promoções, benefícios, bônus etc. Podem ser utilizados vários enfoques de premiação e recompensa – monetárias ou não, formais e informais, individuais ou grupais. Mais recentemente alguns hospitais particulares têm, seguindo tendência de outras indústrias, adotado formas de participação nos resultados e remuneração com base no aprimoramento de habilidades ou competências. Peter Drucker diz que, no futuro, ninguém trabalhará mais por salários, mas por formas de remuneração vinculadas aos resultados das organizações. Essas formas de remuneração podem também levar em conta a ligação com a lealdade de pacientes ou outros objetivos de desempenho. O alinhamento dos interesses das pessoas com os interesses do hospital, através de incentivos financeiros, é contemplado aqui.

Outros elementos da tradicional administração de pessoal das empresas também fazem parte deste item, como recrutamento, seleção, admissão, integração, avaliação de desempenho individual ou grupal, promoções, demissões e outros itens que constam de perguntas a esse respeito no roteiro de visitas do CQH. Outras perguntas incluem os níveis de supervisão existentes, a presença de responsáveis pelos grupos de trabalho, as comissões existentes no hospital etc.

Também neste item se aplicam os ciclos de controle e aprendizado para medir e avaliar as práticas de gestão das pessoas. Para isso podem ser usados fatores como o absenteísmo e rotatividade da mão de obra. Outras maneiras são a coleta de informações em entrevistas de desligamento e comparações com a concorrência ou referenciais de excelência.

Como se verá a seguir, questões importantes que podem ser analisadas em relação aos sistemas de trabalho são:

- organização do trabalho e estrutura de cargos para a iniciativa, autonomia, criatividade e inovação, individual e em grupo, e responsabilidade na definição, gestão e melhoria dos processos de trabalho da organização;

- flexibilidade, cooperação, resposta rápida e aprendizado para atender às necessidades de clientes e aos requisitos operacionais;

- comunicação eficaz e compartilhamento de conhecimentos e habilidades entre os setores e unidades para melhor atender às metas da organização;
- sistemas de remuneração e reconhecimento das pessoas, individualmente e em grupo, em todos os níveis da organização, para reforçar as metas de desempenho, de aprendizado e dos sistemas de trabalho.

Definição e implementação da organização do trabalho

É importante a forma como as pessoas estão organizadas, como estão distribuídas em grupos com características afins, sejam de natureza pessoal ou ligadas à tarefa a ser executada; como as pessoas interagem e como as responsabilidades são divididas. A organização deve definir a melhor forma de organizar a força de trabalho em função de particularidades de suas especialidades, porte, localização, personalidade jurídica etc. A melhor representação gráfica formal nesse aspecto é o organograma. Uma das primeiras decisões que qualquer empresa deve tomar ao definir sua organização do trabalho diz respeito ao número de níveis hierárquicos (atualmente se recomenda, para facilitar o processo de comunicação interna, que as organizações tenham poucos níveis). Ao definir como distribuir o trabalho internamente, a organização deve ter em conta dois aspectos desejáveis: a necessidade de ela poder dar respostas rápidas às suas demandas de qualquer natureza e a necessidade de aprendizado organizacional constante. Por organização do trabalho entende-se:

- repartição de responsabilidades e autoridade (lembrar que autoridade se delega, porém responsabilidade não);
- agrupamentos das pessoas em áreas e departamentos;
- estrutura de cargos, salários e níveis hierárquicos, que diz respeito às responsabilidades, autonomia e tarefas atribuídas às pessoas individualmente, também conhecidas como perfil de cargos, descrição de cargos, descrição de funções ou perfil de funções;
- equipes de trabalho, equipes de solução de problemas, áreas funcionais, equipes departamentais e multidepartamentais autogerenciadas ou não, comitês, comissões, grupos de trabalho e similares;
- instrumentos colocados à disposição da força de trabalho para estimular participação e iniciativa;

- graus de autonomia das diversas categorias de pessoas para definir, gerir e melhorar seus processos. Lembrar que

> autonomia não significa ficar sem nenhum controle e deixar as pessoas fazerem tudo o que quiserem. Autonomia produtiva requer disciplina e profissionalismo da parte dos funcionários, que devem merecer a confiança e comprovar maior capacidade de agir, por terem mostrado que eles irão usar o poder com responsabilidade. A gerência pode correr o risco de delegar poder quando tiver confiança de que seus funcionários estão comprometidos com um conjunto homogêneo de padrões profissionais elevados. Quando as organizações tiverem compartilhado metodologias para execução de tarefas e tiverem compartilhado valores para orientar decisões elas poderão ter maior autonomia [Kanter, 1997].

Cooperação e comunicação eficaz entre pessoas de diferentes localidades e áreas

A necessidade desta cooperação e comunicação eficaz resulta do fato de que o sistema organizacional é composto por diversos subsistemas inter-relacionados e interdependentes. Daí a importância do pensamento sistêmico como um substrato à comunicação eficaz e cooperação entre as pessoas, uma vez que todas são clientes ou fornecedoras umas das outras no fluir dos processos internos de transformação dos insumos em resultados. Instala-se o caos se as pessoas trabalham sabotando ou prejudicando o trabalho umas das outras.

Seleção e contratação

Estas são duas funções fundamentais para a boa gestão de pessoas, uma vez que se não forem realizadas de maneira apropriada podem comprometer todas as iniciativas da organização, que não terá as pessoas apropriadas e com competência para conduzi-las. As práticas de seleção e contratação devem levar em consideração os requisitos de desempenho, igualdade e justiça perante a força de trabalho. O desempenho das pessoas vai depender, em grande medida, da definição clara dos requisitos do cargo a ser preenchido: conhecimentos, habilidades e atitudes necessários à pessoa que irá ocupar o cargo. A necessidade de o candidato apresentar competências nestas três áreas dependerá muito das características do cargo a ser preenchido e das expectativas de quem o contrata. Para aquelas pessoas que, na área de saúde, terão contato com pacientes e acompanhantes vulneráveis pela doença, as atitudes sempre serão valorizáveis. O recrutamento interno é desejável, por apresentar vantagens, visto que oferece oportunidades de carreira, aumentando o comprometimento da força de trabalho, além do que expõe pessoas cujos pontos fortes e necessidades de treinamento já são conhecidos. A desvantagem do recrutamento interno é o fato de não injetar "sangue novo" na organização.

Integração dos novos membros da força de trabalho

Pressupõe-se que as pessoas entram numa organização para nela trabalharem durante anos. Portanto, não existe tempo perdido se a organização dedicar algumas (ou muitas) horas para proceder à devida integração de um novo membro à força de trabalho. É a oportunidade que a organização tem de dizer ao seu novo colaborador o que se espera dele e como é a organização de fato, evitando distorções que seus novos colegas (mesmo sem má intenção, mas em razão de vícios e práticas inadequadas) possam transmitir a ele na fase de iniciação. É um momento único, e oportunidade que não se repetirá, para a organização dizer ao novato, por meio dos seus representantes: "Nós somos assim! Com nossos defeitos e virtudes, esperamos que as pessoas que se juntam a nós façam as coisas dessa e dessa maneira...". Esta atitude trará benefícios futuros e evitará muitos conflitos e mal-entendidos. Porém é preciso reconhecer que esta ainda é uma prática pouco comum nas organizações de saúde (embora em vias de mudança), principalmente no tocante aos médicos, que quase nunca são integrados na organização porque se pressupõe (erroneamente) que eles sabem o que fazer e, também, porque sua autonomia profissional não requer orientação alguma nesse sentido. Os programas de integração devem ser desenvolvidos em diferentes fases: institucional, setorial e local ou na função a ser desempenhada. A intensidade e amplitude dessas fases dependem de características específicas de cada caso. Na fase institucional a ênfase deve ser nos conceitos básicos da organização: valores, missão, visão e políticas básicas; nas outras fases a ênfase se impõe pelas características de cada caso. É importante lembrar que a integração não deve se restringir às pessoas que têm vínculo direto com a organização, mas deve estender-se às pessoas de firmas contratadas na assim chamada terceirização.

Gerenciamento do desempenho

O gerenciamento do desempenho é consequência direta do item anterior, pois sinaliza para as pessoas o que a organização quer delas. Muitas organizações têm sistemas de avaliação atrelados ao alcance de metas, que estão

Gestão de pessoas 115

contidas num esquema de remuneração variável. Porém mais importante que alcançar metas e remuneração variável é o estímulo à cultura da excelência e ao desenvolvimento profissional das pessoas. Também se deve destacar que muito mais do que avaliar pessoas, hoje se recomenda o gerenciamento do desempenho de equipes, grupos e setores de trabalho.

Remuneração, reconhecimento e incentivos

Esses três aspectos são importantes para mobilizar o potencial das pessoas, o que é mais uma razão para vinculá-los às práticas de avaliação do desempenho e à busca da excelência. Só o aumento da produtividade faz uma pessoa, organização ou país crescer economicamente. Logo, não há como uma organização perdurar e realizar bem sua missão se ela não apresentar aumentos de produtividade, ou seja, se não fizer mais com menos recursos. Aumento de produtividade, portanto, tem de receber reconhecimento e incentivos. Remuneração é a soma dos valores recebidos pela pessoa em troca do seu trabalho (salário, remuneração variável e benefícios). O reconhecimento se dá quando a organização legitima contribuições significativas prestadas pela pessoa. Incentivos são instrumentos utilizados para estimular a apresentação de contribuições significativas. Podem ser utilizadas várias modalidades de incentivos: premiação e recompensa, monetárias ou não, formais ou informais, individuais e/ou em grupo.

Educação, treinamento e desenvolvimento das pessoas

O treinamento, como método de capacitação e de desenvolvimento das pessoas para apoiar a obtenção das estratégias do hospital, é fundamental para a excelência gerencial. Não é por acaso que uma das primeiras perguntas do roteiro de visitas do CQH, neste item, se refere à alocação específica, na previsão de despesas do hospital, de recursos para o treinamento. Sem investimentos em treinamento dificilmente se alcançará excelência gerencial; não há como escamotear esse fato. Treinamento se faz ao introduzir um novo serviço ou procedimento; para reforçar as práticas já assimiladas, mas que sempre precisam ser revistas num contexto educativo para sedimentar domínio do conhecimento; para preparar pessoas para assumirem novas funções dentro da organização ou para readaptação funcional de pessoas por quaisquer razões que sejam. É preciso destacar que, além de preocupações em treinar as pessoas para o trabalho, as organizações também devem, por suas práticas, ter em conta a necessidade de educá-las em práticas cidadãs; de civilidade e respeito aos valores da ordem constituída, da disciplina e empenho no alcance dos objetivos da organização.

Neste item o gestor deverá definir como a educação e o treinamento serão projetados, aplicados, reforçados e avaliados, incluindo o modo como as pessoas contribuem ou são envolvidas em determinadas e específicas necessidades de educação e treinamento; como a educação e o treinamento são aplicados; como o conhecimento e a habilidade são reforçados no trabalho e como a educação e o treinamento são avaliados e aperfeiçoados. Questões importantes a serem analisadas em relação à educação, desenvolvimento e treinamento das pessoas, incluem:

- alinhamento da educação e do treinamento com os principais planos e com as necessidades de desempenho da organização, incluindo os objetivos de desenvolvimento de longo prazo da força de trabalho;
- envolvimento das pessoas na identificação das necessidades específicas e na elaboração do projeto de educação e treinamento;
- aplicação e reforço das habilidades e conhecimentos recém-adquiridos na prática do trabalho.

Educação e treinamento implicam conhecimento e habilidades desenvolvidas, contribuindo para os objetivos definidos no planejamento estratégico. Podem incluir direção, habilidades, comunicação, trabalho em equipe, resolução de problemas, interpretação e utilização de dados, atendimento a pacientes, uso de novas tecnologias, prática de diretrizes, pontos críticos, análise e simplificação de processos, redução de gastos, redução de ciclos de implantação de condutas ou serviços ou de ciclos de melhorias, dados referentes ao custo e ao benefício de alguma atividade e outros treinamentos que influenciem as pessoas com eficácia e segurança. Treinamentos podem levar ao enriquecimento do trabalho e à rotatividade em funções para aumentar as oportunidades de carreira e empregabilidade, o que pode incluir, também, a habilidade básica de escrita, leitura, linguagem e aritmética, requerendo contínua educação profissional para as pessoas. A necessidade de educação, treinamento e desenvolvimento baseiam-se no fato de que a capacitação delas precisa estar alinhada com as metas da organização e devem ser atividades permanentes, para que as pessoas possam se adaptar continuamente às mudanças do ambiente.

No roteiro de visita do CQH, além de pergunta relacionada com investimentos em treinamento, também são avaliados: a existência de um programa formal de integração das pessoas que ingressam no hospital, treinamentos específicos para as pessoas do serviço de higiene, o alinhamento das necessidades de treinamento com as diretrizes definidas no planejamento estratégico, a identificação de necessidades específicas de treinamento e a avaliação do impacto dos programas de treinamento no hospital.

Identificação das necessidades capacitação e desenvolvimento

Programas de capacitação e desenvolvimento não podem ser iniciados sem que se conheçam as reais necessidades da organização. Na área de saúde são comuns ações desprovidas de relação de causa e efeito para capacitar alguém em algum curso disponível, em algum lugar (congressos, seminários etc.) sem relação com as reais necessidades da organização. Isso, na maioria das vezes, significa desperdício de recursos. Para começar, é bom fazer uma distinção entre capacitar e desenvolver.

Capacitar significa dotar a pessoa dos conhecimentos e habilidades necessárias para a correta realização das tarefas sob sua responsabilidade. Desenvolver significa proporcionar evolução contínua da capacidade da pessoa, para que ela seja capaz de executar atividades cada vez mais complexas, proporcionando condições para evolução profissional.

Existem várias formas para identificar as necessidades de capacitação e desenvolvimento das pessoas, entre as quais destacamos:

- sistemáticas de avaliação de desempenho para identificar lacunas na capacitação quando objetivos não são atingidos; elas também devem ser usadas para identificar potencial para desenvolvimento;
- estratégias da organização, que podem apontar para mudanças, novidades ou expansões que repercutem na capacitação da força de trabalho;
- análise das não conformidades pode mostrar a necessidade de melhoria na capacitação das pessoas.

Compatibilização das necessidades

Vem em seguida à identificação das necessidades, de forma a compatibilizá-las com:

- necessidades operacionais, que têm a ver com a execução dos processos atuais da organização. Elas podem ser baseadas no desempenho das pessoas ou no dos processos;
- necessidades estratégicas, relacionadas com as necessidades futuras baseadas nos planos da organização para novos serviços, instalações ou métodos;
- necessidades das pessoas, que têm a ver com novos passos na carreira identificados com base no perfil e aspirações individuais de cada um dentro da organização.

Cultura da excelência e aprendizado organizacional

Os programas de capacitação e desenvolvimento devem visar a criação de uma cultura de excelência na organização, baseada no que a FNQ denomina "fundamentos da excelência". Esses "fundamentos" são a base para as práticas de gestão, influenciando a forma como as pessoas se comportam no dia a dia; devem começar a ser compartilhados desde o programa de integração e seguir, depois, em todos os programas institucionais.

Forma de realização dos programas de capacitação e desenvolvimento

A educação e treinamento podem ocorrer dentro ou fora do hospital, no local de trabalho, em sala de aula ou outros locais, podendo, inclusive, envolver módulos de educação a distância com o uso de teleconferências, telemedicina, internet etc.

Avaliação da eficácia

Os ciclos de avaliação do treinamento devem medir a eficiência do formato, os conhecimentos, habilidade, atitudes ou comportamentos adquiridos ou modificados, a satisfação dos participantes, a transferência e aplicação do treinamento para uma situação de trabalho, o impacto no desempenho da unidade de trabalho e custo efetivo das alternativas de treinamento disponíveis. Um programa de desenvolvimento e capacitação só terá alcançado seus objetivos se resultar em mudança de conduta entre os que foram submetidos ao programa.

Desenvolvimento pessoal e profissional

O sucesso das pessoas depende das oportunidades que elas têm para aprender e de um ambiente favorável ao pleno desenvolvimento de suas potencialidades.

Estas podem ser exploradas com o apoio da organização ou individualmente. Ultimamente virou moda denominar essas práticas de *coaching*, seguindo influência dos países de língua inglesa. Devem-se identificar alguns conceitos que são importantes para o entendimento deste tópico:

- desenvolvimento pessoal significa o alcance de níveis cada vez maiores de satisfação e bem-estar por meio da conquista continuada de objetivos pessoais;

- desenvolvimento profissional significa o crescimento na carreira, ocupando postos com complexidade crescente;

- métodos de orientação ou aconselhamento são práticas voltadas para apoiar a escolha dos próximos passos na carreira;

- métodos de empregabilidade são os voltados para o aumento das possibilidades de colocação no mercado;

- métodos de desenvolvimento de carreiras comparam o perfil e o potencial da pessoa com oportunidades existentes.

O conceito de empregabilidade tem crescido nas organizações; alguns até prognosticam, como futuro para a relação de trabalho, remunerações baseadas nessa condição. Independentemente do que aconteça no futuro, hoje pessoas com maior empregabilidade podem ser realocadas internamente com mais facilidade ou têm mais facilidade nos processos externos de realocação. Mesquinhos poderão argumentar: por que investir no desenvolvimento de pessoas que depois serão recolocadas externamente? Ora, tal lógica não prevalece nos grandes números, uma vez que aqueles que foram treinados aqui poderão ser reaproveitados ali e vice-versa; ademais a luta pelo desenvolvimento pessoal e profissional traz uma dinâmica positiva para o ambiente de trabalho.

Bem-estar e satisfação das pessoas

Aqui se está falando de qualidade de vida ou de condições de trabalho. Investir no bem-estar e satisfação das pessoas que trabalham no hospital, além de ser uma convicção ideológica, humanista ou ética, tem implícita uma lógica econômica muito clara e específica: pessoas satisfeitas com a organização onde trabalham produzem mais, com mais qualidade, menos desperdício e sem ressentimentos nem sabotagens. O fundamento deste item é a importância que o clima organizacional tem sobre os resultados institucionais, ou seja, como o desempenho da organização é afetado pelo nível de comprometimento profissional das pessoas que, por sua vez, sofrem o impacto de variáveis relacionadas com o ambiente físico e interpessoal do trabalho. O hospital sempre deverá ter retorno do dinheiro investido no bem-estar e satisfação do seu pessoal. Este item lembra ao gestor como o hospital pode garantir um ambiente de trabalho seguro, saudável e propício ao desenvolvimento pessoal e profissional das pessoas, ao bem-estar, à motivação e satisfação delas. Para garantir o bem-estar e a satisfação das pessoas, devem ser levados em consideração os seguintes aspectos:

- definição adequada de indicadores e de metas de melhoria nos níveis existentes;
- noção de que diferentes grupos de pessoas podem estar sujeitos a ambientes de trabalho muito diferentes;
- consciência de que podem coexistir, no hospital, diferentes vínculos com a organização, inclusive terceirizados.

A preocupação com a qualidade de vida no ambiente de trabalho pode ser manifestada por algumas práticas, de que trataremos a seguir.

Saúde ocupacional, segurança e ergonomia

Ações que podem contribuir para a manutenção de um ambiente seguro e saudável no hospital, contribuindo para a qualidade de vida das pessoas: monitoramento biológico das pessoas expostas a riscos de infecção; controle hematimétrico e de dose de radiação nos técnicos da radiologia; avaliação hematológica e sorológica das pessoas que tenham contato permanente com sangue e secreções dos doentes; controle de doenças pulmonares, especialmente tuberculose, entre o corpo clínico e de enfermagem; avaliação de níveis de *stress* nas pessoas em todas as áreas; acompanhamento dos afastamentos por tipo de doença, para todos os membros da força de trabalho; acompanhamento ergonômico dos projetos de engenharia realizados no hospital; exames médicos admissionais, demissionais e para mudança de função; acompanhamento das pessoas com problemas crônicos; avaliação ergonômica dos móveis e equipamentos; programa 5S em todas as áreas do hospital; treinamento da brigada de incêndio; checagem e execução dos procedimentos de segurança, de acordo com o mapa de risco de cada área; orientação quanto à utilização de equipamentos de proteção individual (EPIs); avaliação das causas dos acidentes de trabalho; cuidados para reduzir a exposição da força de trabalho a ruídos excessivos, contaminação por parasitas; contaminação radioativa, por gases e poeiras nocivos; cuidados com iluminação adequada; atuação da Cipa e outros. O roteiro de visitas do CQH avalia o grau de maturidade da aplicação do modelo através de perguntas sobre: uso sistemático dos equipamentos de proteção individual, monitoramento de doenças profissionais e acidentes de trabalho, existência e exposição de mapas de risco, imunização ativa dos profissionais em atividades de risco, existência de condições de conforto para as pessoas que trabalham no hospital, estímulo formal à participação e à criatividade das pessoas através de mecanismos que reconheçam estas iniciativas, realização dos exames previstos no Programa de Controle Médico de Saúde Ocupacional (PCMSO), existência de um Programa de Prevenção de Riscos Ambientais (PPRA) etc.

Bem-estar, satisfação e motivação

É importante que preocupações com a satisfação, o bem-estar e a motivação das pessoas sejam levadas em consideração quando das definições de prioridades e focos estratégicos. Um aspecto importante para o aumento da satisfação é a seleção dos serviços e benefícios colocados à disposição da força de trabalho, visto que devem ser buscados os alinhamentos às práticas do mercado e a satisfação dos anseios de todos. A maior parte das organizações, independentemente do porte, pode disponibilizar serviços destinados a aumentar a satisfação da força de trabalho, tais como: aconselhamento pessoal e de carreira, atividades culturais ou recreativas, educação não relacionada com o trabalho, creche, ambulatório, licença especial para tratar de responsabilidades familiares e/ou serviços à comunidade, planos especiais de aposentadoria, segurança fora do trabalho, horários flexíveis, realocação e recolocação, planos de saúde, planos de seguros, programas de conscientização antitabagismo, prevenção da Aids, programas de recuperação para dependentes de drogas e álcool, transporte e refeições subsidiados e vários outros. Tais serviços podem também incluir atividades para desenvolvimento de carreira, com testes vocacionais (avaliação de habilidade), ajuda no desenvolvimento de objetivos e planos de aprendizado, além de avaliação da empregabilidade (grau de preparação para o mercado de trabalho). Palestras de orientação sobre estilo de vida, hábitos alimentares e práticas de exercícios físicos são também algumas das ferramentas que as organizações podem utilizar para promover o bem-estar da força de trabalho. Nesta área se inclui, ainda, a melhoria das condições de trabalho, de modo que permitam oferecer o melhor para os pacientes, levando satisfação às pessoas por poderem realizar bem suas tarefas. É importante destacar que ninguém motiva ninguém. O que a organização pode fazer é criar condições para que a motivação que existe dentro de cada um aflore e o indivíduo possa realizar todo o seu potencial pessoal e profissional no ambiente da organização.

Manutenção do clima organizacional

Instrumento poderoso para avaliar o grau de satisfação das pessoas que trabalham no hospital é a pesquisa de clima organizacional, cada vez mais presente nas organizações de saúde. O ideal é que seja feita por empresa contratada, para garantir isenção no processo; porém, na impossibilidade de contratação externa, recursos internos bem-orientados também podem realizá-la de maneira eficaz e a contento. Para definir o tamanho e amplitude dessa pesquisa deve-se sempre levar em conta o porte da organização. Três aspectos importantes neste tópico são: (a) a definição de indicadores e metas adequados; (b) reconhecimento de que diferentes grupos de pessoas podem estar sujeitos a tipos de ambientes muito diferentes; e (c) o reconhecimento de que no mesmo ambiente de trabalho podem conviver pessoas com diferentes tipos de vínculo com a organização.

Melhoria da qualidade de vida

Pressupõe que a organização informe e acompanhe esforços de sua força de trabalho para manter-se saudável dentro e fora do ambiente de trabalho. Trata-se de cuidar dos cuidadores. As organizações de saúde existem para prevenir doenças, promover ou recuperar a saúde das pessoas que utilizam seus serviços, bem como reabilitar suas possíveis sequelas; é, portanto, de todo justo que faça o mesmo com sua força de trabalho para que ela esteja em condições de atender bem os usuários.

Avaliação do bem-estar, satisfação e motivação

São apresentados, a seguir, alguns indicadores e metas que podem ser utilizados para monitorar o grau de segurança das pessoas no hospital:

- taxa de doenças ocupacionais e não ocupacionais ocorridas com a força de trabalho: menos de 30 para cada grupo de mil pessoas;
- número de dias perdidos por afastamento-doença: menos de 1,55 dias por pessoa/ano;
- taxa de acidentes de trabalho durante o ano: menos que 6% em relação ao total da força de trabalho;
- número de dias perdidos por acidentes de trabalho: menos que 0,5% dos dias trabalhados.

Esses indicadores e informações devem dar ao hospital condições para determinar a adequação e a eficácia das práticas utilizadas no sentido de promover o bem-estar e a satisfação das pessoas e, a partir dessa avaliação, verificar a necessidade de melhoras. Além desses indicadores, podem ser incluídas informações qualitativas para exercitar o ciclo de avaliação dos processos de bem-estar das pessoas: as reclamações e sugestões delas, as estratégias do hospital, comentários feitos durante as entrevistas de desligamento, além das práticas de outras organizações. É importante enfatizar que a motivação é algo que vem de dentro das pessoas, cabendo à organização criar condições para que ela aflore; ninguém motiva ninguém.

9
Gestão de processos[30]

Na sequência dos elementos do modelo vistos acima, todas as organizações são iguais (até gestão de pessoas). Todas têm preocupações com a liderança, com o planejamento, com sua relação com os clientes e com a sociedade, com a gestão das informações, com a gestão de pessoas e com os resultados. O que diferencia as organizações são os processos, pois prestar assistência a pacientes em um hospital é diferente de atender hóspedes num hotel, de fabricar porcas e parafusos ou de fabricar automóveis ou refrigerantes. Portanto, as organizações se diferenciam pela gestão de seus processos de transformação de insumos em resultados.

E para se fazer a gestão de processos é preciso pensar em padronização. Na saúde, padronização de processos está relacionada com protocolos clínicos e com os procedimentos operacionais padrão (POPs). A gestão de processos se vale muito de uma ferramenta padronizada chamada de ciclo PDCA, cuja finalidade é tornar mais claros e ágeis os processos envolvidos na execução da gestão e na qual:

- *p* significa *planejar* – antes da execução de qualquer processo, as atividades devem ser planejadas, com as definições de aonde se quer chegar (meta) e do caminho a seguir (método);
- *d* significa *desenvolver* – é a execução do processo, com o cuidado do registro de dados que permitam seu controle posteriormente;
- *c* significa *controlar* – fase de monitoração e avaliação, em que os resultados da execução são comparados com os dados do planejamento (metas e métodos) e registrados os desvios encontrados (problemas);
- *a* significa *agir corretivamente* – definição de soluções para os problemas encontrados com contínuo aperfeiçoamento do processo.

---

[30] FNQ (2007g).

O PDCA foi introduzido no Japão após a II Guerra Mundial e, depois, disseminado pelo mundo ocidental. Idealizado por W. A. Shewhart, foi divulgado por W. E. Deming, quem efetivamente o aplicou. Inicialmente foi usado para estatística e métodos de amostragem e, por isso, também é chamado de ciclo de Deming (que era estaticista). Alguns autores hoje sugerem a substituição do "A" por "L", querendo significar que, nessa fase, a empresa precisa estar aprendendo (*learning*) com a informação e com o conhecimento por ela gerado a partir dos resultados; nesse caso o ciclo seria PDCL. As informações representam a inteligência da organização, permitindo que com elas se façam as análises do desempenho e a execução das ações necessárias.

Padronização é a atividade sistemática de estabelecer e utilizar padrões. Padrão é o produto do consenso para a realização de um método ou procedimento com o objetivo de unificar e simplificar de tal maneira que, de forma honesta, seja conveniente e lucrativo para as pessoas envolvidas. É um conjunto de políticas, regras, normas e procedimentos para os principais processos, o qual serve de linha mestra para possibilitar a todas as pessoas executarem seus trabalhos com êxito. Padrão, enfim, é qualquer coisa reconhecida como correta pelo consentimento geral, pela aprovação na prática ou por aqueles mais competentes para decidir. No dizer de Mizuno e Yoji (1994), "os padrões de trabalho são instruções detalhadas, específicas, sobre como executar processos de trabalho". Já Juran (1999) diz que os padrões "promovem consistência na execução de processos repetitivos". Os padrões são estabelecidos, em consenso, pelas próprias pessoas que irão executá-los. Se não for possível reunir todos os operadores responsáveis por um determinado processo, o padrão pode ser elaborado por um grupo representativo da equipe. A busca do consenso aprofunda a análise de um método de trabalho, resultando geralmente em melhorias da tecnologia utilizada. Segundo Juran (1999),

> as discussões exaustivas que devem preceder a definição de tais padrões resultam numa profundidade inédita de compreensão do serviço, das responsabilidades, das relações etc. Essa compreensão mais profunda é tão gratificante que constitui, para muitos, o maior valor de estabelecer esses padrões.

A propósito, Shigeru Mizuno e Yoji Akao (1994) dizem que

> por mais sofisticada que seja uma determinada tecnologia, ela fica extremamente limitada se for confinada à habilidade de uma única pessoa. A

tecnologia que está apenas na cabeça de uma pessoa não pode ser usada por outros e não contribui para o progresso da organização.

Ainda segundo Mizuno e Yoji (1994),

padrões efetivos de trabalho só podem ser elaborados por aqueles que fazem o trabalho. É a deles a tarefa de manter os padrões de trabalho e eles provavelmente não farão isso direito se os padrões forem arbitrariamente estabelecidos e impostos de cima para baixo.

Resumindo, quem tem maior competência para decidir sobre a melhor maneira de realizar um determinado trabalho é o conjunto de profissionais que executam e mantêm a qualidade desse processo no dia a dia. É a equipe que vai para a linha de frente e sabe o que funciona ou não lá, onde termina a teoria e começa a prática; são os membros da equipe que têm a competência para decidir o que é melhor.

A padronização é um processo de alta seletividade, não se aplicando a qualquer processo. A padronização é reservada aos *processos repetitivos relevantes*. A coincidência desses três atributos é o critério para se definir a elegibilidade de padronização. Os três critérios têm de ficar bem claros para não se padronizar as coisas erradas. O conceito de *processo repetitivo relevante* é explicado a seguir:

- *processo* é uma "série sistemática de ações dirigidas para o cumprimento de uma meta" (Juran, 1999). É a transformação de insumos em resultados num sistema. A sistematização é caracterizada por uma regularidade proposital. Portanto, o que caracteriza um processo é ser uma série regular de ações e não uma ação isolada. "Cada caso é um caso" não caracteriza um processo;
- *repetitivo* não quer dizer, necessariamente, frequente, mas sim que ocorrem com regularidade, em intervalos de tempo definidos;
- *relevante* é o que tem um impacto significativo nos objetivos e metas de uma organização ou de um setor desta.

Alguns exemplos de *processos repetitivos relevantes* em hospitais são apresentados a seguir.

1. Processos principais do serviço de nutrição:
- compra e recebimento de gêneros;
- preparo dos alimentos;
- distribuição dos alimentos;
- avaliação nutricional de pacientes.

2. Processos principais do serviço de enfermagem em unidade de internação:
- recepção do paciente na unidade;
- processo de cuidados ao paciente;
- alta do paciente da unidade.

3. Processos principais de atendimento médico (padronizáveis através de protocolos clínicos):
- diagnósticos;
- terapêuticos;
- reabilitadores;
- preventivos de doenças/sequelas;
- promotores da saúde.

4. Processos principais no Serviço de Arquivo Médico e Estatística (Same):
- abertura de prontuários;
- guarda de prontuários;
- arquivamento de prontuários;
- confecção de estatísticas.

Cada um desses processos principais é desdobrado em subprocessos integrados, nos quais um processo ora é cliente do processo anterior, ora é fornecedor do processo posterior, formando assim uma cadeia cliente/fornecedor, sempre levando-se em consideração a relevância e repetição de cada um deles. Qualquer processo tem uma razão de ser e, para ser bem-sucedido, deve oferecer produtos/serviços que:

- correspondam a uma necessidade, utilização ou aplicação bem-definida;
- satisfaçam as expectativas dos clientes;
- atendam às normas e especificações aplicáveis.

É preciso que haja textos explicando a tecnologia de uma maneira que todos a entendam e possam aplicá-la. Esses textos devem detalhar as condições e procedimentos de trabalho e são conhecidos como *manuais de procedimentos*. A importância dos manuais está, principalmente, na sua confecção, quando são feitas as definições dos padrões a serem seguidos, permitindo a revisão das diferentes atividades executadas em cada unidade: sua relevância, repetição, pontos de estrangulamento e/ou retrabalho etc. Daí se depreende que manuais não podem ser comprados ou elaborados por consultores, por melhor que estes sejam. O processo de elaboração do manual serve como aprendizado e, portanto, os consultores poderão, no máximo, ajudar como facilitadores do processo, mas nunca como elaboradores do manual. Obviamente que não se pode nem falar na compra de jogos de manuais feitos a granel para consumo de várias empresas, por mais parecidas que elas possam ser. Uma vez confeccionado, o manual servirá para dirimir dúvidas, treinar as pessoas da unidade e, periodicamente, ser revisto – momento em que ocorrem o controle e aprendizado dos processos, com a aplicação do ciclo do PDCA (L). Uma forma de descrever um processo é seguir os seguintes passos:

- fluxograma;
- objetivos;
- referências;
- responsabilidades;
- definições;
- metodologia;
- documentos;
- indicadores.

Um componente particularmente útil dos manuais é o *fluxograma*. Na sequência de um ciclo de PDCA, os fluxogramas permitem a visualização, num relance, das principais etapas e providências que devem ser tomadas para se atingir o objetivo de um processo. O fluxograma é a representação gráfica das atividades que integram um processo, sob a forma sequencial de passos, de modo analítico, caracterizando as operações e os agentes executores. Existem vários tipos de fluxogramas, cada um com sua simbologia e seu método próprio. Um fluxograma permite identificar:

- lacunas do processo;
- superposições de trabalho;
- desperdício de esforços;
- possibilidades de simplificação e melhorias etc.

Os símbolos usados na confecção de um fluxograma traduzem cada passo da rotina, representando não só a sequência das operações como também a circulação dos dados e documentos. Através do uso dessa simbologia observa-se que:

- o fluxograma visualiza cada rotina integrante do processo na sua forma mais completa e torna mais claros fatos que poderiam passar despercebidos em outra forma de representação;
- os passos da rotina são ordenados de acordo com a sequência lógica de sua execução;
- os símbolos e as técnicas utilizadas na elaboração do fluxograma identificam os setores ou as pessoas responsáveis pela ação;
- a elaboração da representação gráfica tem como ponto de partida o levantamento da rotina em seus aspectos de:
  a) identificação das entradas e de seus fornecedores;
  b) definições de padrões de entrada;
  c) identificação das operações executadas no âmbito de cada setor ou pessoa envolvida;
  d) identificação das saídas e dos seus clientes;
  e) definição dos padrões de saída.

Há três tipos de processos em qualquer organização: os processos principais do negócio e os processos de apoio; os processos de relacionamento com os fornecedores; e os processos econômico-financeiros. É importante fazer uma ressalva aos leitores da área de gestão de serviços de saúde quanto ao uso da palavra "negócio" nesse contexto. Ela se refere à atividade principal da organização, nada tendo a ver com a substantivação do verbo negociar no sentido de comercializar; trata-se daquilo que a empresa faz de mais importante na sua missão.

Processos principais do negócio e processos de apoio

Processos principais do negócio são aqueles que agregam valor diretamente aos clientes e estão diretamente relacionados com a missão da organização. São também chamados de processos-fim ou primários e podem ser classificados em cinco tipos básicos, que são mais facilmente visualizáveis em indústrias de transformação, mas também se aplicam aos serviços: logística de entrada ou recebimento de insumos, operação ou produção dos bens ou serviços, logística de saída ou expedição de produtos ou resultados, relação com clientes ou marketing, vendas ou serviços de pós-venda.

Processos de apoio são os que dão suporte aos processos principais do negócio e a si mesmos, fornecendo produtos, serviços e insumos adquiridos, equipamentos, tecnologia, softwares, manutenção de equipamentos e instalações, recursos humanos, informações e outros próprios de cada organização. Podem ser classificados em quatro tipos básicos: suprimentos, desenvolvimento de tecnologia, gerenciamento de pessoas, gerenciamento de infraestrutura organizacional ou dos processos organizacionais.

A gestão desses processos se faz por meio de manuais de rotinas e procedimentos, de procedimentos operacionais padrão e outras formas de padronizar condutas gerenciais dentro de uma unidade. É preciso levar em consideração uma série de atividades, como veremos a seguir.

Identificação dos processos

É fundamental identificar os processos, principalmente aqueles que agregam valor para a organização, gerando benefícios para os clientes, para o negócio e para as outras partes interessadas. Qualquer processo tem de agregar valor, ou seja, as saídas do processo têm de ser mais valorizadas do que suas entradas. O processo é uma atividade de transformação que trabalha ou processa as entradas no sistema, agregando principalmente a mão de obra, o que faz com que a saída do sistema tenha maior valor do que a entrada. Qualquer processo que não agregue valor nem contribua com a missão deve ser considerado desnecessário para a organização, e sua existência deve ser questionada.

Determinação dos requisitos

Os requisitos dos processos são definidos pelos pacientes (em uma organização de saúde) e pelas demais partes interessadas. Esses requisitos podem ser prazos de entrega de exames; tempo de espera para o atendimento.

Projeto dos processos

Significa o conjunto de atividades executadas numa sequência planejada, com o objetivo de estabelecer ou criar novos serviços que atendam às necessidades das partes interessadas, traduzidas na forma de requisitos. Esse processo deve-se dar na seguinte sequência: planejamento, entradas, saídas, análise crítica do projeto, verificação, validação e alterações necessárias antes de oferecer o serviço projetado. Organizações de saúde frequentemente negligenciam estas etapas do processo de introdução de novos serviços. É necessário garantir que os projetos sejam desenvolvidos considerando a tecnologia e o conhecimento disponíveis na organização. Para tanto, as seguintes precauções são recomendadas: participação das pessoas envolvidas com os processos que serão afetados pelo novo serviço, compartilhamento interno com outros setores da organização que serão envolvidos, padronização que assegure o registro, guarda e preservação dos conhecimentos adquiridos e desenvolvidos.

Gerenciamento dos processos

É uma das fases mais importantes para o sucesso de uma organização, pois será por meio desta gestão que a realização dos processos chegará a bom termo. Significa a adoção de ações que vão assegurar o cumprimento dos requisitos definidos pelas partes interessadas e, portanto, os resultados esperados para o sucesso da ação. Para isso é preciso que haja:

- padrões de trabalho (5W e 2H) definindo: as responsabilidades na execução do trabalho, a frequência com que é executado, os agentes que vão executá-lo, como será executado, por que será executado, quanto custará sua execução;

- um mecanismo de controle que permita monitorar a execução do processo, garantindo que os padrões de trabalho estejam sendo cumpridos. Aqui são identificadas possíveis não conformidades, ou seja, o não atendimento a um requisito do processo. Quando ocorre uma não conformidade é preciso tratá-la adequadamente para prevenir sua recorrência, buscando conhecer e eliminar sua causa. Uma não conformidade sempre tem uma causa e um efeito: a causa é o que a provocou e o efeito é o resultado diferente do esperado. O tratamento de uma não conformidade compreende os seguintes passos: entendimento claro e preciso do fato ocorrido, eliminação do efeito da não conformidade, identificação da causa, verificação da abrangência até outros processos, definição e implementação de ações corretivas, verificação da implementação e eficácia das ações corretivas implantadas.

Análise dos processos

A análise dos processos tem como objetivo identificar oportunidades para promover melhorias neles e a efetiva implementação destas ou de inovações. A variabilidade com relação ao esperado é inerente ao próprio processo e está relacionada com diversos fatores, entre os quais a prática continuada dele, que pode levar a uma acomodação dentro da organização. A análise dos processos visa detectar esses fatores negativos e promover as correções possíveis e necessárias. Reuniões específicas para análise de processos visam identificar oportunidades de melhoria neles e o estabelecimento de planos de ação para a efetiva implementação dessas melhorias. Como práticas para melhoria dos processos podem ser sugeridas: *benchmarking*, análise de valor, diagnósticos em relação aos modelos de gestão, análise de novas necessidades das partes interessadas.

Processos de relacionamento com os fornecedores

Um hospital, dependendo do seu porte, pode comprar entre dois e quatro mil itens dos mais variados tipos e procedências. Logo, a gestão dos processos relacionados aos fornecedores é fundamental para o sucesso financeiro e operacional da organização. Pode-se imaginar o quão complexo é fazer chegar todos esses itens na hora e local certos para que os procedimentos médico-hospitalares possam ser conduzidos de maneira apropriada. A importância dos fornecedores também aumenta na medida em que serviços terceirizados progressivamente são incluídos no dia a dia das organizações. A melhor forma de fazer boa gestão de processos com fornecedores que atuam dentro de uma organização é ter um contrato bem-elaborado, negociado e gerenciado. Nesse caso o contrato faz aquilo que um manual de rotina e procedimentos faria na gestão dos processos principais e de apoio. Diz-se

134 Manual de gestão hospitalar

que o que é negociado não é caro; portanto, bons contratos resultam em boa gestão da relação com fornecedores, com menos conflitos.

O fornecedor é qualquer pessoa física ou jurídica que provê produtos e serviços à organização. A cadeia de suprimento consiste no fluxo de produtos, serviços e informações do fornecedor para o cliente e vice-versa. Neste item do modelo estão contemplados: o desenvolvimento da cadeia de suprimento, a seleção e qualificação dos fornecedores, a disponibilidade do fornecimento, o atendimento aos requisitos da organização e o envolvimento dos fornecedores com os valores e princípios organizacionais.

Identificação de fornecedores e desenvolvimento da cadeia de suprimento

Este seria um primeiro passo da gestão dos serviços relativos aos fornecedores para que a organização possa dispor das informações necessárias sobre eles. Assim a organização poderá desenvolver sua cadeia de suprimentos, bem como o contrafluxo financeiro que deverá ser estabelecido para remunerar os fornecedores. Para isso três situações devem ser consideradas:

- cadeia de suprimentos total, que envolve todas as relações entre clientes e fornecedores, do ponto de vista mais estratégico;
- cadeia de suprimentos imediata, que envolve aqueles fornecedores com os quais a organização negocia diretamente por meio do seu departamento de logística e compras;
- cadeia de suprimentos local, que envolve diretamente os fornecedores com os departamentos ou setores do hospital, como no caso do serviço de enfermagem, que entra em contato direto com os fornecedores para definir detalhes dos materiais, equipamentos e medicamentos que poderão ser usados pelo serviço.

A identificação dos fornecedores deve levar em consideração critérios como: saúde financeira, conceituação no mercado, referências de clientes atuais, histórico de relacionamento com organizações similares, instalações, tradição, regularidade fiscal etc. Uma vez identificados os fornecedores, passa-se para a próxima fase.

Seleção e qualificação de fornecedores

Desenvolve um processo de escolha entre os potenciais fornecedores identificados. Esta escolha está relacionada com a cultura organizacional, porte e outros fatores, sendo que alguns hospitais exigem, entre outros, certificações e demonstração de atuação responsável perante a sociedade. Para a seleção são utilizados critérios compostos de requisitos que o fornecedor deve cumprir para ser elegível à qualificação na organização. Esses critérios podem envolver:

- proximidade em relação à organização;
- tempo de atuação no mercado;
- número de funcionários;
- outros, de acordo com as peculiaridades do produto, material ou serviço a ser fornecido.

Para passar da condição de selecionado para qualificado, o fornecedor deve também atender a alguns critérios:

- preço;
- cumprimento de prazos;
- qualidade;
- assistência técnica ou pós-venda;
- outros, de acordo com as peculiaridades do produto, material ou serviço fornecido.

Para análise e avaliação do cumprimento desses critérios é sempre bom solicitar ao fornecedor que indique alguns dos seus clientes atuais, para que possam fornecer informações pertinentes.

Atendimento aos requisitos da organização

Deve ser assegurado por uma adequada sistemática de compras que englobe:

- especificação dos produtos;
- lista dos serviços, materiais e equipamentos a serem adquiridos;
- comunicação ao fornecedor das necessidades da organização;
- acompanhamento de todo o processo de compra.

Para assegurar o atendimento, pelos fornecedores, dos requisitos da organização é preciso que existam mecanismos de comunicação ou canais de relacionamento entre as partes. Estes podem ser visitas, telefonemas, internet etc. Várias organizações hospitalares organizam conferências ou encontros de meio dia ou mais para o fornecedor poder interagir com equipes de usuários de seus serviços ou produtos na organização. Tais encontros permitem compatibilizar as expectativas, conhecimento pessoal mútuo, detalhes com relação aos produtos ou serviços ofertados e entendimento quanto às necessidades reais dos compradores e potencial dos fornecedores.

Avaliação do desempenho dos fornecedores

Faz-se por meio da satisfação ou não dos requisitos mínimos previamente utilizados na seleção e qualificação. Para isso é preciso que os fornecedores sejam monitorados durante o fornecimento, por meio de indicadores de desempenho. A partir desses indicadores poderá ser preparada uma lista, por ordem de importância, de fornecedores para a organização. Poderão, também, ser definidas punições aos menos cumpridores de seus contratos ou acordos e estabelecidos padrões mínimos para o relacionamento futuro. Exemplos desses indicadores podem ser: atrasos na entrega, percentual de itens entregues com defeito, tempo de resposta a uma solicitação do cliente, tempo para instalação de equipamento, qualidade do treinamento oferecido, acompanhamento no pós-venda etc.

Minimização dos custos associados ao fornecimento

Consegue-se com várias ações, entre as quais são importantes:

- conferência cuidadosa dos produtos entregues;
- inspeção dos produtos comprados;
- adoção de portais de compras na internet;
- participação em grupos de compra associados;
- programas de desenvolvimento de fornecedores;
- fidelização a fornecedores conhecidos e de confiança.

Comprometimento de fornecedores

Consegue-se a partir do último item do segmento anterior, estabelecendo relações de grande participação dos fornecedores nas atividades da organização, de forma que ele conheça perfeitamente seu cliente: seus valores, missão, visão, políticas básicas, diretrizes e estratégias.

Processos econômico-financeiros

A gestão econômico-financeira trata de todas as atividades coordenadas para dirigir e controlar as finanças de uma organização. Ela engloba aspectos relacionados com a sustentação econômica (orientação sobre como fazer escolhas diante de recursos escassos e relações entre os diversos agentes econômicos); com os recursos financeiros para atender as necessidades operacionais (capacidade de endividamento ou de autossustentação da organização); com a definição dos investimentos, avaliação do risco financeiro, elaboração e acompanhamento de orçamentos etc. É desnecessário destacar a importância deste item, uma vez que nenhuma organização nem ninguém vive sem dinheiro. Os processos relativos à gestão econômico-financeira ajudam a minimizar os riscos empresariais que podem afetar diretamente os resultados econômico-financeiros das organizações. A contabilidade é o principal processo econômico-financeiro, do qual todos os demais são derivados. A contabilidade também é, possivelmente, o procedimento de gestão padronizada mais antigo do mundo e com poucas mudanças ao longo de sua história, o que comprova a força da padronização para a gestão e o fazer-se as coisas sempre da mesma forma – o princípio das partidas dobradas (basilar para a contabilidade) é o mesmo há milênios. A contabilidade pode ter-se sofisticado ultimamente com a incorporação de ferramentas digitais ao seu processamento, mas os princípios básicos permanecem imutáveis.

Com relação aos processos econômico-financeiros devem-se estudar alguns aspectos de que trataremos em seguida.

Impacto na sustentabilidade econômica do negócio

Os aspectos que causam impacto na sustentabilidade econômica do negócio devem ser monitorados por indicadores adequados, que mostrem a saúde financeira da organização: receitas garantidas e despesas equilibradas, de maneira a garantir sua sustentação econômica. Tais indicadores econômico-financeiros, que aparecerão também nos resultados da organização, podem ser resumidos da seguinte forma:

- *estrutura*
  - endividamento – passivo circulante mais o exigível de longo prazo dividido pelo patrimônio líquido;
  - composição do endividamento – passivo circulante dividido pelo passivo circulante mais o exigível de longo prazo;
  - endividamento oneroso – recursos onerosos divididos pelo passivo circulante mais o exigível de longo prazo;
  - imobilizados – ativo permanente dividido pelo patrimônio líquido.
- *liquidez*
  - corrente – ativo circulante dividido pelo passivo circulante;
  - geral – ativo circulante mais o realizável de longo prazo dividido pelo passivo circulante mais o exigível de longo prazo.
- *atividade*
  - prazo médio de recebimento pelos serviços prestados;
  - prazo médio de renovação de estoques nos depósitos da organização;
  - prazo médio de pagamento das compras efetuadas pela organização;
  - ciclo financeiro, que é uma mistura das anteriores pois compreende o prazo médio de recebimento pelos serviços prestados mais o prazo médio de renovação dos estoques menos o prazo médio do pagamento das compras efetuadas.
- *rentabilidade*
  - giro do ativo – receita líquida dividida pelo ativo;
  - rentabilidade do patrimônio líquido – lucro líquido dividido pelo patrimônio líquido;
  - margem bruta – receita pelos serviços prestados menos o custo de produzi-los dividido pela receita dos serviços;
  - vendas – receita da venda dos serviços dividida pela receita prevista;
  - crescimento da receita – total de receitas pela venda de serviços num ano dividido pelas receitas no ano anterior.

Esses indicadores são de amplo conhecimento do pessoal da área financeira, que deverá se reunir periodicamente com a cúpula da organização a fim de discutir, analisar e encaminhar decisões e ações necessárias a serem tomadas, definidas e implantadas.

Recursos para atender às necessidades operacionais

O fluxo financeiro é equilibrado quando as entradas suplantam as despesas, permitindo à organização manter um saldo positivo no seu caixa. Uma gestão adequada assegura os recursos para atender às necessidades operacionais e manter em equilíbrio o fluxo financeiro. A busca por recursos financeiros externos, bem como a concessão e recebimento de créditos, são recursos válidos, mas devem ser adotados com prudência, apenas para assegurar a manutenção do fluxo equilibrado. Nesse caso, fatores como taxa de juros, prazos para pagamentos e garantias podem ser utilizados com critérios para a decisão de buscar esses recursos e a escolha da forma de captá-los.

Recursos financeiros para manter estratégias e planos de ação

Trata-se dos recursos necessários para os investimentos que permitirão a implementação das estratégias e dos planos de ação da organização. É aconselhável que, já na etapa de formulação das estratégias e no seu desdobramento, a organização identifique e defina os recursos financeiros necessários e suas fontes, para poder realizar seus investimentos. Quando são usados recursos externos é importante definir critérios e metodologias empregadas para avaliar e definir os investimentos e as formas adequadas de captação. No caso de organizações de saúde, é comum as instituições financeiras públicas e privadas disponibilizarem linhas especiais de crédito. Recentemente tem-se tornado mais frequente organizações de saúde abrirem seu capital para buscarem, em bolsas de ações, seus investimentos. O sucesso destas operações ainda está para ser avaliado definitivamente. No caso brasileiro ainda não se permite o afluxo de capitais estrangeiros diretamente em organizações de saúde nacionais.

Identificação e monitoramento dos riscos financeiros

Riscos financeiros indicam a probabilidade de ocorrência de um evento não desejado e de suas consequências. Os riscos financeiros de uma organização devem ser monitorados para prevenir sua ocorrência ou diminuir suas consequências. É importante levar em consideração as possíveis deficiências existentes na estrutura de controles internos da organização. Para monitorar, prevenir e gerenciar riscos deve-se considerar a volatilidade do mercado, oscilações inerentes à atividade econômica, mudanças no ambiente regulatório e a atuação da concorrência. Nos últimos anos, o mercado privado de saúde brasileiro tem observado uma série de fusões e incorporações, numa tendência para constituição de poucos grandes grupos na área de exames de diagnóstico, de operadoras de planos de saúde e, mesmo, de hospitais. Nesse processo observa-se a absorção daqueles que, talvez, tenham tido mais dificuldades no monitoramento de seus riscos financeiros.

Gerenciamento do orçamento

O orçamento é peça fundamental para registro e cálculo dos gastos a fazer com a operação da organização, incluindo a previsão de receitas e despesas. O fluxo financeiro distribui ou aloca as receitas e despesas ao longo do período considerado. Recomenda-se que organizações públicas e privadas procurem anualmente definir seus níveis de receitas, despesas e, também, de investimentos previstos, e que acompanhem a realização destas previsões, corrigindo, na medida do possível, eventuais distorções surgidas ao longo do período. Um orçamento pode ser composto de diferentes peças, como venda de serviços, produção dos serviços, gastos gerais e investimentos. Ele pode, também, incorporar planos diretores para setores específicos da organização, como obras, informática e outras. Embora a base dos orçamentos seja o ano fiscal, é comum organizações de grande porte disporem de orçamentos plurianuais, cobrindo períodos mais longos de tempo. Geralmente os orçamentos acompanham os ciclos de planejamento da organização.

10
Resultados[31]

Resultado, no fim das contas, é o que interessa, pois as organizações existem para gerar valor, assegurando sua perenidade de forma sustentada e para todas as partes interessadas. É preciso valorizar a perenidade e a sustentabilidade das organizações para avaliar seus resultados, que não podem ser medidos com a visão do curto prazo, pois as organizações são feitas para durar. Não se deve sacrificar o futuro para garantir um sucesso momentâneo e efêmero. Portanto, um resultado econômico-financeiro retumbante num ciclo não significa sucesso duradouro se as outras partes interessadas não estiveram satisfeitas e se esta insatisfação se refletir nos ciclos vindouros. Para avaliar o grau de sucesso ou insucesso de uma organização deve-se medir o grau de satisfação de todas essas partes interessadas ou de seus grupos de interesse. São eles que vão dizer se a organização esta cumprindo sua missão conforme o esperado ou não. Avaliar resultados de uma organização fica mais fácil quando se tem um padrão de análise, e é isto que o modelo de gestão oferece.

Toda organização tem, basicamente, cinco grupos de interesse:

- os clientes;
- os donos, cotistas, acionistas ou o Estado, no caso das organizações governamentais (que têm interesse em saber se os recursos financeiros investidos na organização estão dando os retornos esperados);
- as pessoas que trabalham na organização;
- os fornecedores;
- a sociedade como um todo, que tem interesse que os processos executados pela organização o sejam com o máximo de eficiência, não gastando mal os recursos que lhe foram colocados à disposição. Mesmo que uma organização tenha todo o dinheiro necessário para comprar esses recursos, a sociedade está interessada em que eles sejam utilizados em seu potencial máximo, sem desperdícios.

---

[31] FNQ (2007h).

A Santa Casa da Misericórdia de Porto Alegre (FNQ, 2002) definiu como suas partes interessadas: médicos, funcionários, pacientes e acompanhantes (clientes), fornecedores, instituições conveniadas, mercado e comunidade.

O grau de satisfação das partes interessadas se mede por meio de indicadores (relações numéricas entre duas grandezas), gráficos, tabelas, quadros, ou seja, com números que comprovem que a missão da organização está sendo atendida de acordo com as expectativas dos grupos de interesse. É importante salientar as relações de causa e efeito existentes nesse elemento – os resultados devem ser decorrentes da aplicação adequada de práticas gerenciais implementadas pela organização. Resultados não surgem do nada; eles devem ser consequência de uma ação integrada, sistêmica e coerente da gestão. Isso não quer dizer que não existam resultados desarticulados de uma proposta gerencial mais abrangente e que pareçam não ter conexão com nenhuma ação gerencial da organização. Tais resultados, contudo, não tendem a persistir, e só acontecerão aleatoriamente. É preciso entender a relação direta que existe entre os resultados e a gestão dos processos, pois aqueles são consequência direta destes. E, também, que há relação dos resultados com a aplicação correta de todos os sete elementos vistos anteriormente. Ou seja, resultados não ocorrem num vazio organizacional.

Embora qualquer organização gere centenas de dados operacionais na base da pirâmide organizacional, estes devem "escalá-la" em direção ao topo, onde somente serão considerados os resultados relevantes e pertinentes para a consecução dos objetivos, de acordo com as estratégias e com o perfil da organização. Nessa escalada os indicadores vão-se condensando em alguns mais importantes para cada setor, de tal forma que, ao final, ter-se-á um painel de controle com um número entre 30 e 50 indicadores (dependendo do porte) para serem analisados pelo nível estratégico da organização. Uma quantidade grande de indicadores dificulta a gestão, provoca desperdício de tempo e dificuldades para análise, e pode escamotear os indicadores verdadeiramente importantes. Seguindo-se a famosa regra "80/20" de Pareto, conclui-se que os indicadores devem visar destacar os 20% de pontos de medição que dão à organização os 80% de informações mais necessárias a ela. Os indicadores devem evidenciar o valor agregado às partes interessadas e, para isso, precisam:

- ter fácil visibilidade;
- propiciar uma visão equilibrada da atuação da organização;

- facilitar o entendimento;
- apoiar as tomadas de decisão.

A Irmandade Santa Casa de Misericórdia de Porto Alegre trabalha com 84 indicadores no seu painel de bordo; a mineradora Belgo, de Juiz de Fora, com 57 no painel de bordo e 98 indicadores setoriais.[32] É importante que, para todos os principais indicadores, se definam metas desafiadoras e factíveis no curto e no longo prazos.

É necessário que se tenha o indicador devidamente identificado, definido e adequado para fazer parte de um painel de controle, assim como é importante conhecer alguns aspectos do indicador para sistematizar sua análise. Assim, os indicadores devem:

- refletir valor para uma ou mais partes interessadas;
- ter relação com pelo menos uma das estratégias;
- estar alinhados com outros indicadores usados pela organização;
- poder ser fácil e periodicamente medidos;
- estar facilmente entendidos nos diversos níveis da organização;
- permitir uma coleta acurada;
- poder ser objetivamente mensurados e comparados;
- poder ser apresentados em diferentes mídias e de fácil interpretação;
- poder ser comparados com referenciais.

Três dimensões são importantes para avaliação dos itens do elemento resultados:

- relevância – importância do resultado para a avaliação global, considerando-se as estratégias e o perfil da organização;
- nível atual – confronta o desempenho atual da organização com informações comparativas pertinentes;
- tendência – reflete o comportamento de uma série histórica de resultados ao longo do tempo.

---

[32] Empresas ganhadoras do Prêmio Nacional da Qualidade.

A seguir são apresentados exemplos de indicadores classificados pelos grupos de interesse que eles representam.

Resultados econômico-financeiros

Os resultados econômico-financeiros de organizações de saúde não diferem muito daqueles de outras indústrias, uma vez que visam informar se os recursos financeiros investidos estão dando os resultados esperados por aqueles que fizeram o investimento (dono, sócio, cotistas, cooperados ou o Estado, em organizações estatais). Esses indicadores podem ser agrupados da seguinte maneira:

- *estrutura* – são os indicadores que possibilitam a análise da estrutura de capitais, como endividamento, composição do endividamento, o chamado endividamento oneroso, imobilizados;
- *liquidez* – são os indicadores que possibilitam a análise da capacidade de pagamento de dívidas: liquidez corrente e liquidez geral;
- *atividade* – são os indicadores que possibilitam a análise do nível de atividade, como prazo médio de recebimento de vendas, prazo médio de renovação de estoques, prazo médio do pagamento de compras e geração de caixa;
- *rentabilidade* – são os indicadores que possibilitam a análise da rentabilidade das operações, como giro do ativo, rentabilidade do patrimônio líquido, margem bruta, vendas, crescimento da receita, valor econômico agregado (EVA); Ebitda (Lajida), índice de cobertura das despesas financeiras.[33]

Resultados relativos aos clientes e ao mercado

Aqui também podem ser considerados indicadores aplicáveis a todo tipo de organização e alguns adaptados às organizações de saúde. No primeiro caso podem-se destacar, por exemplo: participação no mercado, grau de satisfação do cliente, índice de queixas. No caso de um serviço de anestesiologia, por

---

[33] O leitor encontrará os conceitos e definições destes indicadores na maioria dos livros disponíveis sobre gestão financeira.

exemplo, podem ser considerados o grau de satisfação do paciente com o ato anestésico em si, a ausência de dor e de desconforto, o grau de satisfação do cirurgião com o ato anestésico (relaxamento, sangramento, acidentes e interrupções, variações do ato anestésico em função do tipo de cirurgia etc.), o grau de satisfação do paciente ou familiares com a pós-anestesia (náuseas, vômitos, cefaleias, hematomas, parestesias, paralisias, queimaduras, alergias).

Resultados relativos à sociedade

Entre esses, podem ser considerados: o número de inserções na mídia de mensagens visando esclarecer a opinião pública com relação aos perigos, segurança e características dos procedimentos cirúrgicos ou de outra natureza executados num hospital; o número de participações voluntárias em pesquisas científicas; o número de apresentações voluntárias de trabalhos científicos em congressos ou revistas; os procedimentos médico-hospitalares realizados gratuitamente etc. Também enquadram-se nesta categoria os dados que demonstrem controle sobre os consumos de água e energia em relação ao número de leitos, altas, leitos/dia ou pacientes/dia; reciclagem de papel de uso comum ou específicos; dados relativos à preocupação com resíduos hospitalares contaminados, radioativos etc.; número de pessoas da comunidade beneficiadas por programas sociais desencadeados pela organização.

Resultados relativos às pessoas

Entre esses, podem ser considerados:

- indicadores de números de horas de treinamento;
- investimento em treinamento dividido pela receita;
- indicadores de doenças atribuídas às atividades profissionais;
- frequência e gravidade dos acidentes de trabalho;
- percentual variável sobre a remuneração total.

O absenteísmo, registro de demandas trabalhistas e rotatividade podem ser indicadores indiretos do grau de satisfação das pessoas que trabalham na organização, embora ele possa ser avaliado formalmente por meio de pesquisa de clima organizacional, que pode ser mais ou menos sofisticada, dependendo do porte da organização.

Resultados dos processos principais do negócio e dos processos de apoio

Para os processos principais de um serviço específico, por exemplo, anestesiologia, podem ser considerados, entre outros (para cada tipo de anestesia ou de anestésico):

- número de acidentes divididos pelo número total de anestesias feitas ou pelo número de horas de anestesia;
- número de acidentes com óbito;
- número de reações alérgicas atribuíveis ao ato anestésico;
- tempo de recuperação pós-anestésica;
- tempo para indução anestésica;
- tempo médio de cirurgia dividido pelo tempo médio de anestesia;
- tempo de anestesia com monitoramento cardiocirculatório.

Com relação aos processos de apoio, destacamos:

- número de ações preventivas divididos pelo número de ações corretivas feitas sobre qualquer equipamento;
- percentual de planos ou orçamentos ou escalas projetados divididos pelos cumpridos;
- custo real de um procedimento dividido pelo seu custo ideal;
- percentual de correção no preenchimento das folhas de débito;
- tempo de cadastramento na recepção;
- índice de glosas sobre faturas emitidas para planos de saúde ou outros prestadores de serviços;
- tempo de espera para emissão da fatura;
- tempo de espera para preparo da sala cirúrgica.

Podem também, nos indicadores dos processos principais, ser incluídos todos aqueles solicitados mensalmente pelo CQH (e outros similares) para informação dos hospitais que aderiram ao programa, ou seja:

- os ligados à ocupação dos leitos: taxa de ocupação hospitalar, tempo médio de permanência geral e por clínica, índice de renovação, índice de intervalo de substituição, média de pacientes/dia e média de leitos/dia;

- indicadores de mortalidade: institucional geral e por clínica, no prazo de 30 dias após alta;

- indicadores de ocupação do centro cirúrgico: cirurgias realizadas por sala, tempo de espera para preparo da sala, taxa de cirurgias suspensas por razões não clínicas;

- taxa de readmissões pela mesma causa e não programadas: até 15 ou 30 dias da alta hospitalar e das UTIs (durante a mesma internação, após tratamentos específicos);

- indicadores de atendimento materno-infantil: taxa de utilização de UTI e CTI neonatal, taxa de atendimento ao recém-nascido na sala de parto, taxa de internações por gravidez terminada em aborto, taxa de internações por transtornos maternos na gravidez, índice de internações por complicações no período de puerpério, taxas de cesarianas gerais e em primíparas, taxa de parto normal;

- todas as taxas ligadas com os controles da infecção hospitalar: geral e por clínicas, de densidade de infecção hospitalar, distribuição percentual das infecções por clínica, localização topográfica e agente causal, uso de antimicrobianos;

- as taxas ligadas ao uso dos diferentes exames auxiliares de diagnóstico: por clínica, por paciente; e por paciente/dia;

- indicadores que avaliam a efetividade dos serviços específicos, por exemplo, da obstetrícia (neonatos de baixo peso).

Ainda na avaliação dos processos principais podem ser utilizados indicadores que avaliam fatores clínicos, como:

- tempo decorrido para receber tratamento tromboembolítico após chegada de paciente com suspeita de infarto do miocárdio a um pronto-socorro;

- percentagem de pacientes com câncer que começam tratamento com menos de 30 dias após o diagnóstico;

- mortes ocorridas 30 dias após revascularização do miocárdio;

- readmissão de emergência após alta hospitalar para tratamento de agravos específicos: acidente vascular cerebra, cirurgia de colo de fêmur etc.;

- complicações de tratamentos, de flebotomia, do uso de catéter venoso central, do uso de alimentação parenteral;

- paradas cardiopulmonares ocorridas nas dependências do hospital, com ou sem êxito na ressuscitação;

- lesões indesejáveis causadas aos pacientes durante a internação (chamados de eventos-sentinela): quedas de cama ou mesa cirúrgica, queimaduras, úlceras de pressão, grandes hematomas ou "soromas;

- aplicação de medicação errada ou de procedimento em local errado.

Resultados relativos aos fornecedores

Neste item podem ser considerados, entre outros:

- o tempo de espera para manutenção ou reparo dos carrinhos de anestesia, equipamentos de raios-X, equipamentos de laboratório de análises clínicas etc.;

- demora na entrega de medicamentos;

- percentual de não conformidades na entrega de medicamentos ou materiais;

- percentual de fornecedores que participaram de eventos promovidos pelo serviço;

- percentual de acidentes ou efeitos adversos devido a material entregue por determinado fornecedor;

- atrasos ou complicações no fornecimento de sangue;

- incompatibilidades clínicas com resultados de exames de laboratório;

- diferenças no controle de psicotrópicos.

Parte II
Roteiro de avaliação

Roteiro de avaliação – Programa CQH

Identificação do hospital

Número de matrícula do hospital no Programa CQH:

Endereço:

Cidade:

E-mail:

Telefone (com DDD):

Fax (com DDD):

Responsáveis:

Datas das avaliações:

Primeira:

Segunda:

Terceira:

Quarta:

Quinta:

Instruções gerais para visita

I Introdução

Os responsáveis pela direção do hospital deverão comunicar a data da visita às pessoas dos diversos setores e instruí-las a colaborarem com a equipe de avaliadores. Para acompanhar a equipe de avaliadores durante toda a visita deverá ser designada uma equipe composta por, pelo menos, um representante das seguintes áreas: corpo clínico, serviço de enfermagem e administração. O roteiro deverá ser preenchido previamente pelo hospital e encaminhado ao CQH com a antecedência mínima de 15 dias antes da realização da visita, junto com a documentação relacionada no item II deste documento.

A visita inicia-se com o exame de toda a documentação do hospital relacionada no item IV deste documento. Para tanto, deverá ser preparado um espaço adequado, com mesa espaçosa, sobre a qual deverão estar dispostos todos os documentos solicitados.

Após a revisão dos documentos, realiza-se uma reunião com a alta direção do hospital e todos os gerentes. Esse grupo é definido pelo hospital, considerando os colaboradores que participam da tomada das decisões estratégicas da unidade. Em seguida, a equipe de avaliadores fará um intervalo em lugar reservado. Nesta oportunidade a equipe decidirá sobre o roteiro que será seguido à tarde para a visita às instalações do hospital. Durante esta visita, em qualquer momento, a equipe de avaliadores poderá solicitar tempo para reunir-se reservadamente e avaliar a evolução dos trabalhos. O roteiro de visita definido pela equipe deverá ser seguido.

No roteiro existem duas opções de resposta: sim (**s**) e não (**n**). Deverá ser assinalada com um X a opção selecionada no espaço correspondente. No caso de o hospital não oferecer o serviço, a condição será "não se aplica" (**na**). As perguntas identificadas com * ou ** são de resposta "sim" obrigatória nas primeira e segunda visitas, respectivamente. As informações coletadas deverão referir-se à situação existente na data do preenchimento. A informação não comprovada pela equipe visitadora será considerada inexistente. Em perguntas com vários subitens relacionados somente assinalar SIM se todos os subitens forem respondidos afirmativamente (exceto quando especificado de outra maneira).

Os serviços terceirizados, localizados dentro ou fora da área hospitalar, serão considerados como pertencentes ao hospital, necessitando-se, nesse caso, do contrato de prestação de serviços e comprovantes de atendimento das respectivas exigências contidas nesse instrumento, não cabendo, dessa forma, a condição do "não se aplica".

O hospital deve ter interesse em mostrar todos os itens do roteiro, uma vez que aqueles que não forem vistos serão considerados inexistentes. Nos critérios de I a VII, os itens do roteiro estão subdivididos em três grupos: enfoque/aplicação, aprendizado e integração. Os itens de enfoque/aplicação referem-se à adequação da prática com o modelo de gestão proposto pelo CQH, incluindo a disseminação e continuidade dessas práticas. Nos itens de aprendizado procura-se identificar como o hospital melhora suas práticas de gestão enquanto a integração verifica a coerência entre as práticas e os princípios organizacionais do hospital.

II Documentação obrigatória para a realização da visita

1. Licença de funcionamento do hospital

2. Cadastro atualizado do CQH

3. Cadastro do corpo clínico

4. Organograma da unidade com os nomes dos responsáveis

5. Resultados do "Critério VIII" do roteiro, que está sendo trabalhado pelo hospital, conforme relação abaixo. Recomenda-se que a equipe do hospital verifique a definição de desempenho utilizada pelo Programa CQH quando da aplicação desse roteiro no glossário.

Critério VIII – Resultados

Esse critério examina os resultados relevantes do hospital, abrangendo os aspectos econômico-financeiros e os relativos aos clientes e mercados, sociedade, pessoas, processos principais e de apoio, bem como os relacionados com fornecedores.

8.1 Resultados econômico-financeiros

Item	Nível exig.	Requisito da qualidade			
1	*	Séries históricas de indicadores econômico-financeiros.		(s)	(n)
2		Tendência favorável para algum dos resultados econômico-financeiros (essa informação será analisada pela equipe de visitadores, não sendo necessário que o hospital apresente informações adicionais).		(s)	(n)
3	**	Desempenho superior para algum resultado econômico-financeiro, quando comparado ao seu referencial (essa informação será analisada pela equipe de visitadores, sendo necessário que o hospital apresente informações do referencial comparativo).		(s)	(n)

8.2 Resultados relativos aos clientes e ao mercado

Item	Nível exig.	Requisito da qualidade			
1	*	Séries históricas de indicadores da avaliação feitas por seus clientes para o atendimento na recepção, atendimento de enfermagem, atendimento médico, alimentação fornecida e limpeza do quarto/enfermaria.		(s)	(n)
2	**	Séries históricas de indicadores relativas ao mercado no qual está inserido, tais como grau de participação no mercado; participação dos convênios/seguradoras/autogestões/SUS; imagem perante o mercado.		(s)	(n)
3		Resolubilidade das ações advindas dos indicadores de insatisfação do cliente.		(s)	(n)
4		Outros resultados relacionados aos clientes e ao mercado além dos mencionados acima.		(s)	(n)
5		Tendência favorável para algum dos resultados relativos aos clientes e ao mercado (essa informação será analisada pela equipe de visitadores, não sendo necessário que o hospital apresente informações adicionais).		(s)	(n)
6		Desempenho superior para algum resultado relativo aos clientes e ao mercado, quando comparado ao seu referencial (essa informação será analisada pela equipe de visitadores, sendo necessário que o hospital apresente informações do referencial comparativo).		(s)	(n)

8.3 Resultados relativos à sociedade

Item	Nível exig.	Requisito da qualidade			
1	**	Resultado demonstrativo de sua ação social junto à sociedade.		(s)	(n)
2	*	Séries históricas da quantidade de resíduos produzidos e coletados.		(s)	(n)
3		Séries históricas do consumo de energia.		(s)	(n)
4		Séries históricas do consumo de água.		(s)	(n)
5		Outros resultados relacionados à sociedade, além dos mencionados acima.		(s)	(n)
6		Tendência favorável para algum dos resultados relativos à sociedade (essa informação será analisada pela equipe de visitadores, não sendo necessário que o hospital apresente informações adicionais).		(s)	(n)
7		Desempenho superior para algum resultado relativo à sociedade, quando comparado ao seu referencial (essa informação será analisada pela equipe de visitadores, sendo necessário que o hospital apresente informações do referencial comparativo).		(s)	(n)

8.4 Resultados relativos às pessoas

Item	Nível exig.	Requisito da qualidade			
1		Séries históricas de indicadores que expressam o grau de satisfação/insatisfação das pessoas que trabalham no hospital, tais como absenteísmo, rotatividade, condições de trabalho e relações com a chefia (no mínimo dois subitens).		(s)	(n)
2	**	Séries históricas de indicadores relacionados com o desenvolvimento das pessoas, tais como horas-homem/treinamento (geral e por grupos profissionais), investimentos em programas de desenvolvimento (por grupos profissionais e percentual sobre faturamento/orçamento).		(s)	(n)
3	*	Séries históricas de indicadores de acidentes de trabalho, tais como número de pessoas acidentadas (com ou sem afastamento) no ano, por tipo de acidente; número de pessoas afastadas no ano, por tipo de acidente; e número de dias perdidos por pessoas/ano.		(s)	(n)
4		Séries históricas de indicadores sobre doenças na força de trabalho, tais como taxa de doenças ocupacionais e não ocupacionais/1.000 pessoas/ano; e número de dias perdidos no ano, por 100 pessoas.		(s)	(n)

Manual de gestão hospitalar

Item	Nível exig.	Requisito da qualidade			
5		Séries históricas de enfermagem/leito, enfermeiro/leito e pessoal/leito.		(s)	(n)
6		Outros resultados relacionados à gestão de pessoas, além dos mencionados acima.		(s)	(n)
7		Tendência favorável para algum dos resultados relativos às pessoas (essa informação será analisada pela equipe de visitadores, não sendo necessário que o hospital apresente informações adicionais).		(s)	(n)
8		Desempenho superior para algum resultado relativo às pessoas, quando comparado ao seu referencial (essa informação será analisada pela equipe de visitadores, sendo necessário que o hospital apresente informações do referencial comparativo).		(s)	(n)

8.5 Resultados dos processos principais do negócio e dos processos de apoio

Item	Nível exig.	Requisito da qualidade			
1	*	Resultados relacionados ao atendimento das patologias indicadas no perfil nosológico.		(s)	(n)
2		Séries históricas do número de internações, número de consultas ambulatoriais, número de cirurgias e número de atendimentos na emergência. Obs.: identificar e justificar os indicadores que não se aplicam ao hospital, considerando seu perfil.		(s)	(n)
3	**	Resultados dos procedimentos de enfermagem.		(s)	(n)
4		Séries históricas de indicadores relativos aos serviços de apoio diagnóstico e terapêutico, tais como produção e produtividade no laboratório, na radiologia, no serviço de hemoterapia e em outros SADTs; exames de diagnóstico por imagem por paciente; exames laboratoriais por paciente (no mínimo dois subitens). Obs.: identificar e justificar os indicadores que não se aplicam ao hospital, considerando seu perfil.		(s)	(n)
5		Séries históricas de taxa de repetição de exames; consumo de material por exame, tais como filmes e perdas de filmes, contraste, seringas etc.		(s)	(n)
6		Séries históricas de indicadores para os serviços de apoio técnico, tais como produção e produtividade na farmácia e na enfermagem; taxa de entregas atrasadas em medicamentos da farmácia; produção e produtividade na nutrição, taxa de reclamações com relação à alimentação (no mínimo dois subitens).		(s)	(n)

Roteiro de avaliação – Programa CQH   157

Item	Nível exig.	Requisito da qualidade			
7		Séries históricas de indicadores relacionados aos seus serviços e processos organizacionais, tais como (no mínimo seis subitens):		(s)	(n)
		1. percentual de reinternações pelo mesmo diagnóstico;	( )		
		2. taxa de reoperação pelo mesmo CID, durante a mesma internação;	( )		
		3. percentual de retorno no atendimento de emergência em 24 horas;	( )		
		4. taxa de erro de medicação;	( )		
		5. índice de úlceras por pressão;	( )		
		6. densidade de infecção hospitalar;	( )		
		7. percentual de quedas da cama/maca/mesa;	( )		
		8. taxa de cesariana;	( )		
		9. taxa de cesariana em primíparas;	( )		
		10. taxa de ocupação hospitalar;	( )		
		11. índice de rotatividade dos leitos;	( )		
		12. média de permanência;	( )		
		13. taxa de complicações/intercorrências na internação;	( )		
		14. tempo de espera para limpeza de sala cirúrgica;	( )		
		15. taxa de ocupação das salas cirúrgicas/de parto;	( )		
		16. tempo médio de espera por consulta ambulatorial;	( )		
		17. tempo médio de espera por atendimento de emergência;	( )		
		18. taxa de mortalidade institucional;	( )		
		19. taxa de mortalidade neonatal por faixa de peso.	( )		
		Obs.: identificar e justificar os indicadores que não se aplicam ao hospital, considerando seu perfil.			
8		Séries históricas de requisições atendidas/mês sobre o total de requisições no serviço de manutenção.		(s)	(n)
9		Séries históricas do percentual de perdas de roupa/ano.		(s)	(n)
10		Séries históricas de contas glosadas pelos convênios/mês. Obs.: no caso dos hospitais públicos, considerar as glosas das AIHs.		(s)	(n)
11		Séries históricas sobre o tempo gasto para emissão de fatura.		(s)	(n)
12		Séries históricas sobre o tempo de indisponibilidade média de equipamentos para reparo/ano.		(s)	(n)
13		Séries históricas sobre o tempo médio de limpeza por quarto.		(s)	(n)
14		Outros resultados relacionados à gestão dos processos principais e de apoio, além dos mencionados acima.		(s)	(n)

Item	Nível exig.	Requisito da qualidade			
15		Tendência favorável para algum dos resultados relativos aos processos principais e processos de apoio (essa informação será analisada pela equipe de visitadores, não sendo necessário que o hospital apresente informações adicionais).		(s)	(n)
16		Desempenho superior para algum resultado relativo aos processos principais e de apoio, quando comparado ao seu referencial (essa informação será analisada pela equipe de visitadores, sendo necessário que o hospital apresente informações do referencial comparativo).		(s)	(n)

8.6 Resultados relativos aos fornecedores

Item	Nível exig.	Requisito da qualidade			
1	**	Resultado da qualidade dos serviços de seus terceirizados.		(s)	(n)
2	*	Resultados da conformidade na entrega de produtos pelos fornecedores.		(s)	(n)
3		Resultados da otimização de custos com fornecedores.		(s)	(n)
4		Outros resultados relacionados à gestão dos fornecedores, além dos mencionados acima.		(s)	(n)
5		Tendência favorável para algum dos resultados relativos aos fornecedores (essa informação será analisada pela equipe de visitadores, não sendo necessário que o hospital apresente informações adicionais).		(s)	(n)
6		Desempenho superior para algum resultado relativo aos fornecedores, quando comparado ao seu referencial (essa informação será analisada pela equipe de visitadores, sendo necessário que o hospital apresente informações do referencial comparativo).		(s)	(n)

III Sequência da visita

8h-12h	Avaliação da documentação solicitada no item II e reunião com a alta direção e gerentes.
12h-13h	Intervalo e definição do roteiro da tarde.
A partir das 13h	Visita às instalações, conforme roteiro definido.

Roteiro de avaliação – Programa CQH   159

IV Documentação para análise no início da visita

O primeiro momento da equipe de visitadores no hospital será para conferir a documentação, conforme listagem que se segue.

Perfil

Item	Nível exig.	Requisito da qualidade			
1	*	Documento de controle de fuga de radiação.		(s)	(n)
2		Habilitação dos profissionais para uso de material radioativo.	(na)	(s)	(n)

Critério I – Liderança

1.1 Governança corporativa

Item	Nível exig.	Requisito da qualidade			
1	*	Código de ética. Será verificado também se o mesmo tem regras de conduta para os integrantes da administração.		(s)	(n)
2		Manuais, normas e rotinas. Será verificado também se os mesmos abordam questões éticas.		(s)	(n)

1.2 Exercício da liderança e promoção da cultura de excelência

Item	Nível exig.	Requisito da qualidade			
1		Atas de reuniões de times de trabalho e comissões, tais como ética médica e enfermagem, e de comitês técnicos.		(s)	(n)

Critério II – Estratégias e planos

2.1 Formulação das estratégias

Item	Nível exig.	Requisito da qualidade			
1	*	Planejamento estratégico atualizado anualmente.		(s)	(n)
2		Planejamento estratégico aprovado pelo conselho ou instância maior quando existente.		(s)	(n)

IV. Documentação para análise no início da visita

2.2 Implementação das estratégias

Item	Nível exig.	Requisito da qualidade		
1		Planos de ação anuais escritos e alinhados com as estratégias contemplando agentes, cronogramas e recursos necessários, incluindo os financeiros.	(s)	(n)
2		Acompanhamento periódico e formal da implementação dos planos de ação.	(s)	(n)

Critério III – Clientes

3.1 Imagem e conhecimento de mercado

Item	Nível exig.	Requisito da qualidade		
1		Levantamento do perfil demográfico de seus clientes.	(s)	(n)
2	*	Análise do perfil nosológico de seus clientes.	(s)	(n)

3.2 Relacionamento com clientes

Item	Nível exig.	Requisito da qualidade		
1	*	Manifestações dos clientes na ouvidoria ou pesquisa de satisfação do cliente ou manifestações no SAC, 0800, internet ou quaisquer outros canais de comunicação com clientes.	(s)	(n)

Critério IV – Sociedade

4.1 Responsabilidade socioambiental

Item	Nível exig.	Requisito da qualidade		
1	*	Plano de gerenciamento de resíduos de serviços de saúde.	(s)	(n)
2		Planos de manutenção e controle das redes elétrica e hidráulica.	(s)	(n)

Critério VI – Pessoas

6.1 Sistemas de trabalho

Item	Nível exig.	Requisito da qualidade		
1	**	Competências (conhecimentos, habilidades e atitudes) e responsabilidades (autonomia e tarefas atribuídas) na estrutura de cargos.	(s)	(n)

IV. Documentação para análise no início da visita

6.2. Capacitação e desenvolvimento

Item	Nível exig.	Requisito da qualidade		
1		Avaliação do impacto dos treinamentos desenvolvidos pelas pessoas que trabalham no hospital.	(s)	(n)

Critério VII – Processos

7.1 Processos principais do negócio e processos de apoio

Item	Nível exig.	Requisito da qualidade		
1		Normas, procedimentos e rotinas operacionais atualizados das áreas: berçário, neonatologia patológica, pediatria, clínica médica, clínica cirúrgica e/ou quaisquer outros serviços do hospital, de acordo com seu perfil.	(s)	(n)
2	**	Protocolos baseados em evidências clínicas, atualizados para as áreas: berçário, neonatologia patológica, pediatria, clínica médica, clínica cirúrgica e/ou quaisquer outros serviços do hospital, de acordo com seu perfil.	(s)	(n)
3		Atas de reuniões de análise de casos clínicos.	(s)	(n)
4		Atas de reuniões de análise dos processos de enfermagem.	(s)	(n)
5		Programa de controle de infecção hospitalar com metas definidas.	(s)	(n)
6		Atas de reuniões da CCIH.	(s)	(n)
7		Protocolos para higiene das mãos, uso de germicidas, isolamento e precauções-padrão, prevenção da infecção do sítio cirúrgico, prevenção da infecção relacionada ao acesso vascular e da corrente circulatória, prevenção da infecção do trato urinário, prevenção da infecção do trato respiratório e intervenções em surtos de infecção hospitalar.	(s)	(n)
8		Normas e rotinas atualizadas de funcionamento do centro cirúrgico.	(s)	(n)
9		Manuais para os procedimentos anatomopatológicos.	(s)	(n)
10		Protocolos baseados em evidência clínica para insuficiência respiratória, insuficiência circulatória, insuficiência renal aguda e abdome agudo.	(s)	(n)
11		Avaliação dos resultados dos processos do laboratório junto ao corpo clínico do hospital.	(s)	(n)
12		Avaliação dos resultados dos processos dos serviços de diagnóstico por imagem junto ao corpo clínico do hospital.	(s)	(n)

162 Manual de gestão hospitalar

IV. Documentação para análise no início da visita

Item	Nível exig.	Requisito da qualidade			
13		Atas de reuniões do serviço de hemoterapia.	(na)	(s)	(n)
14		Atas de reuniões do serviço de diálise.	(na)	(s)	(n)
15		Manuais operacionais atualizados das áreas: central de material, farmácia, laboratório de análises clínicas, hemoterapia, TRS (diálise e hemodiálise), serviço de diagnóstico por imagem, serviço de nutrição e dietética, lavanderia, limpeza, manutenção e demais serviços de apoios, de acordo com o perfil do hospital.		(s)	(n)
16		Relação atualizada de medicamentos padronizados.		(s)	(n)
17		Validação da CCIH dos processos desenvolvidos pela lavanderia, incluindo insumos utilizados.		(s)	(n)
18		Validação da CCIH dos processos desenvolvidos pela limpeza, incluindo insumos utilizados.		(s)	(n)
19		Registros das atividades de limpeza, a cada seis meses, nos reservatórios de água, desratização e desinsetização.		(s)	(n)
20		Plano contingencial, validado pela CCIH e SESMT, para manutenção da qualidade durante as obras de reforma ou expansão, com barreiras, a fim de evitar a contaminação dos setores adjacentes.		(s)	(n)
21		Registro da manutenção periódica do sistema alternativo de geração de energia.		(s)	(n)

7.2. Processos de relacionamento com os fornecedores

Item	Nível exig.	Requisito da qualidade			
1		Avaliação dos resultados da atividade do hospital com seus fornecedores (prazo de entrega, itens de não conformidade, entre outros), no mínimo um grupo de fornecedores.		(s)	(n)
2	*	Rotinas administrativas voltadas para a gestão de materiais, tais como: cadastro de fornecedores, pedidos de compra com especificações detalhadas, comitê de compras com a participação das áreas interessadas, verificação dos controles de qualidade do fabricante/prestadores de serviços, padronização de produtos, avaliação interna da qualidade dos produtos e serviços comprados.		(s)	(n)
3		Contratos das empresas terceirizadas, quando houver.		(s)	(n)

Obs.: todas as atualizações/revisões tratadas neste roteiro devem considerar um prazo máximo de dois anos.

V Selo de conformidade

Para os hospitais receberem o selo de conformidade, deverão cumprir as orientações a seguir.

Orientações gerais

1ª visita – Os critérios de avaliação são desdobrados em itens e estes são desdobrados em questões, que traduzem os requisitos desejados para que o hospital busque a excelência na gestão dos seus processos gerenciais.

Na primeira visita, o hospital deverá ter atingido pelo menos 60 pontos do total ponderado (ver lista com valores ao final do roteiro) e cumprir todas as questões obrigatórias, identificadas por um asterisco (*), não podendo receber zero em nenhum dos 24 itens.

Para a compreensão da pontuação nos critérios de avaliação, observar o seguinte exemplo:

> O item 1.1 (governança corporativa do critério liderança) tem 11 questões possíveis e sua ponderação é 3; se o hospital tiver nove questões positivas e duas negativas, sua pontuação, neste item, será de 2,45.
>
> $$x = \frac{9 \times 3}{11} = 2,45$$

No caso de haver questões que não se aplicam ao hospital, estas serão retiradas do cálculo. Vale destacar que o **na** só é aplicável se o perfil do hospital não condisser com o serviço descrito nas questões (por exemplo, pediatria, centro obstétrico, entre outros serviços que podem não estar associados à missão do hospital).

2ª visita – Na segunda visita deverá ser atingido, pelo menos, um ponto a mais no total ponderado das questões obtidas na visita anterior. Não pode haver diminuição do valor alcançado na visita anterior em nenhum dos critérios, e devem ser cumpridas todas as questões obrigatórias com um (*) e dois (**) asteriscos.

No caso dos hospitais selados, se for constatada redução no total ponderado anteriormente alcançado em cada um dos critérios, ou se deixarem de ser cumpridas questões obrigatórias pertinentes àquela avaliação, o hospital terá uma carência de seis meses, a partir do envio do resultado da visita, para reestruturação das não conformidades. Ao término do prazo de carência, a organização receberá nova visita (revisita). Em caso de não cumprimento, será retirado o selo.

Se o hospital não for selado e deixar de cumprir quatro das questões obrigatórias com um (*) asterisco para a primeira visita, mas tendo feito a pontuação necessária e sem zerar em nenhum item, terá uma carência de três meses, a partir do envio do resultado da visita, para reestruturação das não conformidades. Ao término do prazo de carência, a organização receberá nova visita (revisita).

Revisita – Na revisita a equipe poderá verificar todas as questões do roteiro, com maior atenção para as obrigatórias não cumpridas e para as oportunidades de melhoria apontadas no relatório de avaliação.

Obrigatoriedade de envio do Relatório de Gestão do Prêmio Nacional da Gestão em Saúde (PNGS)

Os hospitais selados, ao se prepararem para a segunda e subsequentes visitas, deverão elaborar o relatório de gestão (RG), baseado nas orientações do Prêmio Nacional da Gestão em Saúde (PNGS) e encaminhá-lo ao CQH até três semanas antes da data prevista para a visita. O não encaminhamento no prazo poderá adiar a data da visita. Esse RG servirá para orientar os visitadores, que continuarão fazendo a visita com o roteiro tradicional do CQH e conforme a rotina própria, mas com ênfase nos tópicos identificados neste relatório.

No caso dos hospitais selados que atingiram 90 pontos, o RG será utilizado para orientar a visita seguinte à conquista desta pontuação. Nesse caso, a avaliação será realizada de acordo com os critérios do PNGS 250 pontos. Para a manutenção do selo o hospital deverá atingir no mínimo 150 pontos dessa régua de avaliação.

Visitas com o RG serão alternadas com visitas feitas segundo o roteiro tradicional (mantendo-se a periodicidade dos dois anos). A manutenção do selo se fará com a pontuação mínima de 90 ou 150 pontos, dependendo da régua utilizada na avaliação.

Critério P – Perfil

Aqui se busca avaliar as condições das estruturas física e organizacional do hospital; se elas estão em condições de oferecer segurança às pessoas que trabalham, usam ou visitam o hospital; se elas oferecem condições para a prática de um modelo assistencial e de gestão condizente com a qualidade no atendimento aos pacientes.

Item	Nível exig.	Requisito da qualidade			
1		A infraestrutura instalada está de acordo com o perfil assistencial informado no Cadastro Médico Hospitalar (impresso CQH-02)?		(s)	(n)
2	*	Há condições para os profissionais realizarem a higiene das mãos (pias com sabão e toalhas de papel ou álcool gel) em todos os ambientes de atendimento aos pacientes e de manipulação de artigos, insumos médico-hospitalares e resíduos no hospital?		(s)	(n)
3		Há acesso/saída controlados, com níveis progressivos de restrições, para serviço de emergência, unidade de internação, força de trabalho, pacientes ambulatoriais, cadáveres, materiais e resíduos e visitantes/fornecedores?		(s)	(n)
4		Há sinalização de fácil compreensão para circulação interna?		(s)	(n)
5		Há facilidade para utilização de macas e cadeiras de rodas em todas as áreas de circulação do paciente, incluindo rampas ou elevadores?		(s)	(n)
6	*	Há carrinho de emergência com medicamentos, material, monitor e desfibrilador para ressuscitação cardiorrespiratória em número que atenda a todos os pacientes internados e em local de fácil acesso?		(s)	(n)
7		É respeitado o livre acesso em todos os lados do leito?		(s)	(n)
8		Todos os pacientes dispõem, à cabeceira do leito, de campainha para chamada do pessoal de enfermagem?		(s)	(n)
9		As enfermarias têm no máximo quatro leitos?		(s)	(n)
10		Todas as enfermarias, independentemente do número de leitos, têm banheiro anexo que permite a passagem de cadeiras de banho e/ou de rodas?		(s)	(n)
11		Os banheiros dispõem de barras de apoio para os pacientes, incluindo o box?		(s)	(n)
12		Os banheiros dispõem de campainhas de fácil acesso para que os pacientes possam solicitar a presença de pessoal de enfermagem?		(s)	(n)

166 Manual de gestão hospitalar

		Critério P – Perfil			

Item	Nível exig.	Requisito da qualidade			
13		As portas dos banheiros se abrem para o interior do quarto ou são escamoteáveis?		(s)	(n)
14		Há condições de isolamento para os pacientes portadores de doenças infectocontagiosas, quando necessário?		(s)	(n)
15		A área de processamento do centro de materiais e esterilização é restrita e dispõe de:		(s)	(n)
		1. barreiras físicas entre as áreas, objetivando impedir o cruzamento dos artigos limpos com contaminados?	( )		
		2. recepção e lavagem?	( )		
		3. preparo, acondicionamento e esterilização?	( )		
		4. estocagem e distribuição?	( )		
16		O centro cirúrgico é uma área de circulação restrita, separada de outros ambientes por porta que se mantém fechada e com sinalização de entrada proibida?	(na)	(s)	(n)
17		Há lavabos exclusivos para o preparo da equipe cirúrgica, equipados com dispensador de antissépticos e torneiras acionáveis sem utilização das mãos?	(na)	(s)	(n)
18		Há um carrinho de anestesia completo para cada sala de cirurgia?	(na)	(s)	(n)
19	*	Há pontos de O^2, ar comprimido e vácuo em todas as salas de cirurgia, de recuperação e na sala de emergência?	(na)	(s)	(n)
20		Todas as salas cirúrgicas e sala de emergência são equipadas com monitor cardiorrespiratório e de oxigenação?	(na)	(s)	(n)
21		Os partos são realizados com acesso a:	(na)	(s)	(n)
		1. doppler?	( )		
		2. carrinho de emergência completo com monitor e desfibrilador cardíaco?	( )		
		3. instrumentos para parto normal e fórceps?	( )		
		4. mesa de partos?	( )		
		5. foco central e auxiliar?	( )		
		6. aspirador?	( )		
		7. oxigênio?	( )		
22		Para a recepção do neonato, na sala de parto o hospital dispõe dos equipamentos:	(na)	(s)	(n)
		1. berço de calor radiante para reanimação neonatal?	( )		
		2. balança?	( )		

Roteiro de avaliação – Programa CQH 167

Critério P – Perfil					

Item	Nível exig.	Requisito da qualidade			
		3. laringoscópio infantil com lâminas de numeração adequada?	( )		
		4. cânulas para entubação orotraqueal com numeração adequada para reanimação neonatal?	( )		
		5. insuflador pulmonar neonatal?	( )		
		6. sondas de aspiração com numeração adequada para uso neonatal?	( )		
		7. medicamentos de urgência?	( )		
		8. material para clampeamento do cordão umbilical?	( )		
		9. conjunto para identificação do binômio (mãe e filho)?	( )		
		10. fontes de oxigênio, ar comprimido e equipamento de aspiração para o recém-nascido?	( )		
		11. estetoscópio?	( )		
		12. incubadora de transporte?	( )		
23	*	Há carrinho de emergência próprio, com monitor e desfibrilador, para internação pediátrica?	(na)	(s)	(n)
24	*	As unidades de internação pediátrica apresentam condições de segurança:	(na)	(s)	(n)
		1. camas de crianças pequenas com proteção?	( )		
		2. janelas com proteção que evitem a passagem de uma criança?	( )		
		3. acesso controlado à unidade?	( )		
25		A área física da neonatologia patológica é dividida em setores claramente diferenciados segundo gravidade e patologia?	(na)	(s)	(n)
26		A área de neonatologia patológica conta com os seguintes equipamentos (no mínimo cinco subitens):	(na)	(s)	(n)
		1. incubadoras com misturador de gases, aquecimento e umidificador?	( )		
		2. respirador neonatal (mínimo de 1 para cada 5 leitos)?	( )		
		3. tendas e/ou capacetes de oxigênio?	( )		
		4. equipamento para fototerapia?	( )		
		5. kit para drenagem torácica?	( )		
		6. kit para cateterização umbilical e exsangunitransfusão?	( )		
		7. kit para inserção de cateter peritoneal?	( )		

168   Manual de gestão hospitalar

Critério P – Perfil			

Item	Nível exig.	Requisito da qualidade			
		8. oxímetro de pulso (pelo menos 2 para cada 5 leitos)?	( )		
		9. monitor cardíaco (mínimo de 2 para cada 5 leitos)?	( )		
		10. bomba de aspiração negativa?	( )		
		11. bomba de infusão para terapia endovenosa?	( )		
		12. perfusores (bombas de seringa)?	( )		
27		Há capacidade para análise microvolumétrica de sangue para hematologia e bioquímica da neonatologia patológica?	(na)	(s)	(n)
28		Há sistema de filtragem e tratamento de água por osmose reversa no setor de diálise?	(na)	(s)	(n)
29		O setor de diálise conta com área física adequada, com sala e equipamentos separados para pacientes contaminados?	(na)	(s)	(n)
30		O serviço de diálise é dotado de equipamentos que ofereçam maior segurança aos pacientes, por meio de condutivímetro, detector de bolhas, controle de pressão venosa e sistemas automatizados de bloqueio do equipamento?	(na)	(s)	(n)
31		A UTI conta com os seguintes recursos técnicos:	(na)	(s)	(n)
		1. marcapasso externo transitório (UTI adulto)?	( )		
		2. material para entubação orotraqueal?	( )		
		3. eletrocardiógrafo?	( )		
		4. respirador mecânico a pressão (1 para 3 leitos)?	( )		
		5. respirador mecânico volumétrico (pelo menos 1)?	( )		
		6. oxímetro de pulso (1 para cada leito)?	( )		
		7. aspirador para drenagens (1 para 4 leitos)?	( )		
		8. bomba de infusão (1 para cada leito)?	( )		
		9. carrinho de emergência completo?	( )		
		10. monitor cardíaco (1 por leito)?	( )		
		11. pontos de O^2, ar comprimido e vácuo (1 de cada por leito)?	( )		
32		A distribuição dos leitos nas UTIs permite visualização constante, desde o posto de enfermagem?	(na)	(s)	(n)
33		Há pelo menos um equipamento radiológico portátil, com facilidade de mobilização para exames nas unidades de internação, UTI e centro cirúrgico?	(na)	(s)	(n)

Roteiro de avaliação – Programa CQH **169**

	Critério P – Perfil			

Item	Nível exig.	Requisito da qualidade			
34	*	Nos estudos invasivos sob controle radioscópico ou ecográfico, como endoscopias, punções aspirativas, punções-biópsia, arteriografias etc.:	(na)	(s)	(n)
		1. há pessoal de enfermagem de apoio?	( )		
		2. há materiais, equipamentos e medicamentos de emergência?	( )		
35		No caso de processar técnicas laboratoriais com material radioativo, há recipientes específicos para radioisótopos, assim como *bunker* para seu depósito?	(na)	(s)	(n)
36		O serviço de hemoterapia conta com local exclusivo para coleta de sangue e aférese não terapêutica?	(na)	(s)	(n)
37		As geladeiras e os *freezers* usados para armazenamento do sangue e seus componentes têm termômetros de máxima e mínima, e as temperaturas são anotadas a cada quatro horas (exceto no sistema automático)?		(s)	(n)
38		O mobiliário para o doador de sangue permite que o mesmo se deite, caso seja necessário?	(na)	(s)	(n)
39		Há barreira de contaminação na lavanderia?	(na)	(s)	(n)
40		A cozinha dispõe de:	(na)	(s)	(n)
		1. frigorífico e geladeiras em funcionamento?	( )		
		2. telas nas janelas?	( )		
		3. locais específicos de armazenamento de mantimentos?	( )		
		4. piso lavável?	( )		
41		A cozinha conta com área para preparação de fórmulas lácteas com as seguintes características:	(na)	(s)	(n)
		1. área de higienização?	( )		
		2. área de preparo?	( )		
		3. autoclave?	( )		
		4. normas específicas sobre o modo de preparar as diferentes fórmulas?	( )		
		5. coleta de amostras das preparações para análises microbiológicas?	( )		

Manual de gestão hospitalar

	Critério P – Perfil	

Item	Nível exig.	Requisito da qualidade			
42	*	A área para armazenamento de medicamentos na farmácia conta com geladeira exclusiva, com termômetro de controle da temperatura monitorado em período adequado nas 24 horas, para conservação de medicamentos, ligada a sistema alternativo de energia elétrica?		(s)	(n)
43		Há um local exclusivo para o arquivamento, após a alta, dos prontuários dos pacientes?		(s)	(n)
44		O serviço de emergência funciona em local exclusivo com acesso independente nas 24 horas?	(na)	(s)	(n)
45		Há estrutura de prevenção e extinção de incêndios com:		(s)	(n)
		1. extintores e hidrantes revisados anualmente?	( )		
		2. porta corta-fogo (em prédios com mais de um andar)?	( )		
		3. saídas de emergência sinalizadas?	( )		
46		Há corrimãos em ambos os lados de todas as escadas?	(na)	(s)	(n)
47	*	Há sistema alternativo de geração de energia e de iluminação para as áreas de circulação e áreas críticas:		(s)	(n)
		1. gerador?	( )		
		2. luz de emergência com baterias próprias?	( )		
48		Há reservatório/sistema com capacidade suficiente para garantir o abastecimento ininterrupto de água?		(s)	(n)
49		Há um local específico para o armazenamento de resíduos sólidos que seja:		(s)	(n)
		1. ventilado?	( )		
		2. fechado?	( )		
		3. coberto?	( )		
		4. exclusivo?	( )		
		5. lavável?	( )		
		6. restrito com relação à circulação de pessoas?	( )		
		7. para a separação entre lixo comum e lixo infectado?	( )		

Critério I – Liderança

Esse critério examina a liderança do hospital, incluindo aspectos relativos à transparência, equidade, prestação de contas e responsabilidades corporativas. Também examina como é exercida a liderança, incluindo temas como o controle dos padrões de trabalho e aprendizado. O critério aborda a análise do desempenho do hospital enfatizando a comparação com outras organizações e o atendimento aos requisitos das partes interessadas.

1.1 Governança corporativa

Este item verifica a governança do hospital, incluindo aspectos relativos à transparência, equidade, prestação de contas e responsabilidades corporativas.

Enfoque e aplicação					
Item	Nível exig.	Requisito da qualidade			
1	*	O hospital tem organograma formalmente descrito e representativo da realidade organizacional?		(s)	(n)
2		O hospital avalia seus riscos empresariais:		(s)	(n)
		1. riscos de segurança do paciente?	( )		
		2. riscos de segurança da força de trabalho?	( )		
		3. riscos legais?	( )		
		4. riscos financeiros?	( )		
		5. outros? (especificar)	( )		
3	**	O hospital tem valores e conceitos organizacionais básicos formalmente definidos (missão, visão e políticas organizacionais)?		(s)	(n)
4		O hospital divulga seu código de ética às partes interessadas?		(s)	(n)
5		Existem canais de comunicação que permitam o recebimento de denúncias?		(s)	(n)
6		As decisões estratégicas são tomadas por um colegiado?		(s)	(n)
7		Este colegiado:		(s)	(n)
		1. conta com a participação da área médica e do diretor administrativo?	( )		
		2. formula políticas gerais definindo prioridades?	( )		
		3. reúne-se periodicamente?	( )		
		4. avalia os resultados institucionais?	( )		

172 Manual de gestão hospitalar

Critério I – Liderança					

Enfoque e aplicação					
Item	Nível exig.	Requisito da qualidade			
8		As decisões estratégicas são comunicadas e colocadas em prática?		(s)	(n)
9		A direção do hospital presta conta das suas ações e resultados a quem a elegeu, nomeou ou designou?		(s)	(n)

Aprendizado					
preenchidos a partir da avaliação anterior – no caso de primeira visita assinalar **(na)**					
Item	Nível exig.	Requisito da qualidade			
10		Existem melhorias para pelo menos uma das práticas assinaladas com (s) para a governança corporativa? *Esta questão será avaliada pela equipe de visitadores após comparação com roteiro preenchido na visita anterior.*	(na)	(s)	(n)

Integração					
Item	Nível exig.	Requisito da qualidade			
11		As práticas assinaladas com (s) para a governança corporativa estão integradas (são coerentes com a missão do hospital, existe uma relação entre elas e existe cooperação entre as áreas para que aconteçam). *Esta questão será avaliada pela equipe de visitadores por meio das informações obtidas durante a visita.*		(s)	(n)

1.2 Exercício da liderança e promoção da cultura da excelência

Este item trata do exercício da liderança, incluindo temas como o controle dos padrões de trabalho e aprendizado.

Enfoque e aplicação					
Item	Nível exig.	Requisito da qualidade			
1		O principal executivo ou sua assessoria direta (liderança do hospital) tem mecanismos para interação com (no mínimo três subitens):		(s)	(n)
		1. pacientes?	( )		
		2. familiares?	( )		
		3. força de trabalho?	( )		
		4. fornecedores?	( )		

Roteiro de avaliação – Programa CQH   173

Critério I – Liderança

Enfoque e aplicação					
Item	Nível exig.	Requisito da qualidade			
		5. acionistas/governo (hospital público)?	( )		
		6. sociedade?	( )		
		7. outras? (especificar)	( )		
2		Os valores e conceitos organizacionais básicos são de conhecimento das pessoas (força de trabalho) do hospital?		(s)	(n)
3		É feita a identificação das pessoas com potencial de liderança e as mesmas são capacitadas para exercerem os cargos de liderança (capacitação para o líder potencial)?		(s)	(n)
4		Existem programas específicos no hospital para a capacitação e o desenvolvimento dos líderes (capacitação para o líder em exercício)?		(s)	(n)
5	**	Para o estabelecimento das normas e rotinas (padrões de trabalho) o hospital utiliza:		(s)	(n)
		1. legislação vigente/norma técnica?	( )		
		2. literatura sobre o assunto?	( )		
		3. visitas a outras organizações?	( )		
6		É feito o controle da utilização das normas e rotinas estabelecidas?		(s)	(n)
7		O hospital, para avaliar e melhorar suas práticas e respectivos padrões de trabalho, utiliza-se dos seguintes mecanismos (no mínimo 1 subitem):		(s)	(n)
		1. reuniões específicas para aprendizado?	( )		
		2. correlações entre seus indicadores?	( )		
		3. ferramentas da qualidade (gráfico de Pareto, 5W2H, *brainstorming* etc.)?	( )		
		4. auditorias internas e/ou externas?	( )		
		5. autoavaliação?	( )		

Aprendizado					
preenchidos a partir da avaliação anterior – no caso de primeira visita assinalar (na)					
Item	Nível exig.	Requisito da qualidade			
8		Existem melhorias para pelo menos uma das práticas assinaladas com (s) para o exercício da liderança e promoção da cultura da excelência? *Esta questão será avaliada pela equipe de visitadores após comparação com roteiro preenchido na visita anterior.*	(na)	(s)	(n)

174 Manual de gestão hospitalar

Critério I – Liderança

Integração					
Item	Nível exig.	Requisito da qualidade			
9		As práticas assinaladas com (s) para o exercício da liderança e promoção da cultura da excelência estão integradas (são coerentes com a missão do hospital, existe uma relação entre elas e existe cooperação entre as áreas para que aconteçam)? *Esta questão será avaliada pela equipe de visitadores por meio das informações obtidas durante a visita.*		(s)	(n)

1.3 Análise do desempenho do hospital

Este item trata da análise do desempenho do hospital, revelando como o alcance das estratégias e objetivos da organização é avaliado. O item verifica, ainda, como são tratados a comunicação das decisões tomadas e o acompanhamento dessa implementação.

Enfoque e aplicação					
Item	Nível exig.	Requisito da qualidade			
1	*	Há reuniões específicas e sistemáticas para a discussão dos indicadores mensais encaminhados trimestralmente ao CQH?		(s)	(n)
2		Os indicadores assistenciais utilizados para análise do desempenho do hospital estão coerentes com seu perfil nosológico?		(s)	(n)
3	**	O hospital tem critérios para determinar quais informações deverão ser comparadas:		(s)	(n)
		1. informações relacionadas à missão do hospital?	( )		
		2. informações relacionadas às diretrizes (e/ou objetivos estratégicos), definidos no planejamento estratégico do hospital?	( )		
4		O hospital compara seus indicadores com serviços equivalentes da área da saúde?		(s)	(n)
5		O hospital compara seus indicadores com dados da literatura?		(s)	(n)
6		As decisões da análise crítica do desempenho global são comunicadas aos grupos de interesse?		(s)	(n)
7		O acompanhamento da implementação das decisões decorrentes da análise de desempenho é feito (pelo menos 1 subitem):		(s)	(n)
		1. reuniões setoriais;	( )		
		2. sistemas de acompanhamento de planos de ação;	( )		

Critério I – Liderança		

Enfoque e aplicação					
Item	Nível exig.	Requisito da qualidade			
		3. outros (especificar):	( )		
8		As prioridades para melhoria são definidas em função da análise de desempenho do hospital?	( )		

Aprendizado					
preenchidos a partir da avaliação anterior – no caso de primeira visita assinalar **(na)**					
Item	Nível exig.	Requisito da qualidade			
9		Existem melhorias para pelo menos uma das práticas assinaladas com (s) para a análise do desempenho do hospital? *Esta questão será avaliada pela equipe de visitadores após comparação com roteiro preenchido na visita anterior.*	(na)	(s)	(n)

Integração					
Item	Nível exig.	Requisito da qualidade			
10		As práticas assinaladas com (s) para a análise do desempenho do hospital estão integradas (são coerentes com a missão do hospital, existe uma relação entre elas e existe cooperação entre as áreas para que aconteçam)? *Esta questão será avaliada pela equipe de visitadores por meio das informações obtidas durante a visita.*		(s)	(n)

Critério II – Estratégias e planos

Este critério examina o processo de formulação das estratégias, enfatizando a análise do mercado de atuação e do macroambiente. Também examina o processo de implementação das estratégias, incluindo a definição de indicadores, o desdobramento das metas e planos para as áreas do hospital e o acompanhamento dos ambientes internos e externos.

2.1 Formulação das estratégias

A formulação das estratégias aborda o processo de planejamento, que visa definir os caminhos que o hospital deve trilhar para tornar real sua visão de futuro, a partir da identificação de forças restritivas e impulsoras, externas e internas, decorrentes de uma análise ambiental.

176 Manual de gestão hospitalar

Critério II – Estratégias e planos

Enfoque e aplicação					
Item	Nível exig.	Requisito da qualidade			
1		As informações utilizadas na formulação das estratégias do hospital são (no mínimo dois subitens):		(s)	(n)
		1. necessidades das partes interessadas?	( )		
		2. indicadores internos do hospital?	( )		
		3. ambiente tecnológico do setor de atuação?	( )		
		4. atuação dos concorrentes?	( )		
		5. informações comparativas?	( )		
		6. fatores políticos que impactam no hospital?	( )		
		7. fatores sociais?	( )		
		8. outras? (especificar)	( )		
2		O planejamento estratégico é realizado em reuniões específicas?	( )	(s)	(n)
3		Além dos diretores, participam do planejamento estratégico (no mínimo um subitem):		(s)	(n)
		1. gerentes?	( )		
		2. representantes da equipe multiprofissional?	( )		
		3. parceiros e fornecedores?	( )		
4	**	As diversas áreas do hospital estão contempladas no processo de formulação das suas estratégias?		(s)	(n)

Aprendizado					
preenchidos a partir da avaliação anterior – no caso de primeira visita assinalar **(na)**					
Item	Nível exig.	Requisito da qualidade			
5		Existem melhorias para pelo menos uma das práticas assinaladas com (s) para a formulação das estratégias? *Esta questão será avaliada pela equipe de visitadores após comparação com roteiro preenchido na visita anterior.*	(na)	(s)	(n)

Integração				
Item	Nível exig.	Requisito da qualidade		
6		As práticas assinaladas com (s) para a formulação das estratégias estão integradas (são coerentes com a missão do hospital, existe uma relação entre elas e existe cooperação entre as áreas para que aconteçam)? *Esta questão será avaliada pela equipe de visitadores por meio das informações obtidas durante a visita.*	(s)	(n)

Roteiro de avaliação – Programa CQH **177**

Critério II – Estratégias e planos

2.2 Implementação das estratégias

A implementação das estratégias inclui o planejamento das ações, a alocação dos recursos e a definição das metas necessárias para sustentar as estratégias estabelecidas, assim como as sistemáticas para comunicação e o monitoramento de seus resultados.

Enfoque e aplicação					
Item	Nível exig.	Requisito da qualidade			
1		O hospital utiliza os indicadores para monitorar o desempenho global em relação às estratégias?		(s)	(n)
2	**	Há metas alinhadas às estratégias para os principais indicadores de desempenho?		(s)	(n)
3		O hospital usa séries históricas de indicadores para definir metas?		(s)	(n)
4		O hospital usa referenciais comparativos para definir as metas?		(s)	(n)
5		São alocados os recursos financeiros necessários para a execução dos planos de ação?		(s)	(n)
6		As estratégias, metas e planos de ação são comunicados à força de trabalho?		(s)	(n)

Aprendizado					
preenchidos a partir da avaliação anterior – no caso de primeira visita assinalar **(na)**					
Item	Nível exig.	Requisito da qualidade			
7		Existem melhorias para pelo menos uma das práticas assinaladas com (s) para a implementação das estratégias? *Esta questão será avaliada pela equipe de visitadores após comparação com roteiro preenchido na visita anterior.*	(na)	(s)	(n)

Integração					
Item	Nível exig.	Requisito da qualidade			
8		As práticas assinaladas com (s) para a implementação das estratégias estão integradas (são coerentes com a missão do hospital, existe uma relação entre elas e existe cooperação entre as áreas para que aconteçam)? *Esta questão será avaliada pela equipe de visitadores por meio das informações obtidas durante a visita.*		(s)	(n)

Critério III – Clientes

O critério *clientes* examina como o hospital segmenta o mercado e como identifica e trata as necessidades e expectativas dos clientes e dos mercados; divulga seus produtos e marcas; e estreita seu relacionamento com os clientes. Também examina como o hospital avalia a satisfação e insatisfação dos clientes.

3.1 Imagem e conhecimento de mercado

Este item trata dos processos que o hospital adota para conhecer os clientes e os mercados, e dos processos para ser conhecido.

Enfoque e aplicação					
Item	Nível exig.	Requisito da qualidade			
1	**	Os clientes são segmentados/agrupados para fins de organização dos processos? (convênios/particulares/SUS e/ou por patologia e/ou por tipo de atendimento, entre outros)?		(s)	(n)
2		O hospital identifica quais são as necessidades e expectativas de seus clientes?		(s)	(n)
3		O hospital trata as expectativas e necessidades levantadas?		(s)	(n)
4		O hospital desenvolve ações concretas para divulgação da sua imagem?		(s)	(n)
5		Há divulgação de informações institucionais para a comunidade de usuários?		(s)	(n)
6		O hospital faz algum tipo de pesquisa para verificar como está sua imagem?		(s)	(n)

Aprendizado					
preenchidos a partir da avaliação anterior – no caso de primeira visita assinalar **(na)**					
Item	Nível exig.	Requisito da qualidade			
7		Existem melhorias para pelo menos uma das práticas assinaladas com (s) para a imagem e conhecimento de mercado? *Esta questão será avaliada pela equipe de visitadores após comparação com roteiro preenchido na visita anterior.*	(na)	(s)	(n)

Integração				
Item	Nível exig.	Requisito da qualidade		
8		As práticas assinaladas com (s) para a imagem e conhecimento de mercado estão integradas (são coerentes com a missão do hospital, existe uma relação entre elas e existe cooperação entre as áreas para que aconteçam)? *Esta questão será avaliada pela equipe de visitadores por meio das informações obtidas durante a visita.*	(s)	(n)

Critério III – Clientes

3.2 Relacionamento com clientes

Este item trata da forma como os canais de relacionamentos com os clientes são definidos e colocados à disposição desses, para que apresentem suas manifestações – reclamações, sugestões, pedidos, solicitação de informações e elogios. Verifica, ainda, como essas manifestações são tratadas e como o hospital avalia a satisfação e a insatisfação do cliente.

Enfoque e aplicação					
Item	Nível exig.	Requisito da qualidade			
1		As reclamações e solicitações dos clientes, advindas dos canais de relacionamento, são recebidas, solucionadas quando é o caso e dado retorno aos interessados?		(s)	(n)
2		Existe um prazo máximo para o retorno da queixa ao cliente?		(s)	(n)
3		São realizadas pesquisas específicas com os clientes sobre novos serviços?		(s)	(n)
4	**	O hospital desencadeia ações concretas sistematicamente a partir das pesquisas de satisfação ou insatisfação dos clientes?		(s)	(n)
5		As ações decorrentes da pesquisa de satisfação e insatisfação do cliente são divulgadas às pessoas que mantêm contato direto com ele?		(s)	(n)
6		O hospital conta com um ambiente provido de decoração, organização de espaços para brincar, atividades educativas ou recreativas na pediatria?		(s)	(n)

Aprendizado					
preenchidos a partir da avaliação anterior – no caso de primeira visita assinalar (na)					
Item	Nível exig.	Requisito da qualidade			
7		Existem melhorias para pelo menos uma das práticas assinaladas com (s) para o relacionamento com clientes? *Esta questão será avaliada pela equipe de visitadores após comparação com roteiro preenchido na visita anterior.*	(na)	(s)	(n)

Critério III – Clientes

Integração					
Item	Nível exig.	Requisito da qualidade			
8		As práticas assinaladas com (s) para o relacionamento com clientes estão integradas (são coerentes com a missão do hospital, existe uma relação entre elas e existe cooperação entre as áreas para que aconteçam). *Esta questão será avaliada pela equipe de visitadores por meio das informações obtidas durante a visita.*		(s)	(n)

Critério IV – Sociedade

O critério *sociedade* examina o cumprimento da responsabilidade socioambiental pelo hospital, destacando ações voltadas para o desenvolvimento sustentável. Também examina como o hospital promove o desenvolvimento social, incluindo a realização ou apoio a projetos sociais ou voltados para o desenvolvimento nacional, regional, local ou setorial.

4.1 Responsabilidade socioambiental

Este item enfoca como o hospital contribui para o desenvolvimento sustentável, por meio da minimização dos impactos negativos potenciais de seus produtos, processos e instalações. Verifica, ainda, como envolve as partes interessadas nas questões relativas à responsabilidade socioambiental.

Enfoque e aplicação					
Item	Nível exig.	Requisito da qualidade			
1		O hospital controla o uso de antibióticos?		(s)	(n)
2		As pendências ou eventuais sanções referentes aos requisitos legais e regulamentares são devidamente tratadas?		(s)	(n)
3	**	No hospital existe sistema de utilização de reuso de água?		(s)	(n)
4		O hospital realiza a coleta seletiva de lixo?		(s)	(n)
5		A força de trabalho está envolvida nas questões socioambientais por meio de (no mínimo dois subitens):		(s)	(n)
		1. racionalização do uso de energia?	( )		
		2. racionalização do uso de materiais administrativos (ex: papéis, cartuchos, entre outros)?	( )		

Roteiro de avaliação – Programa CQH   181

Critério IV – Sociedade

Enfoque e aplicação					
Item	Nível exig.	Requisito da qualidade			
		3. racionalização do consumo de água?	( )		
		4. campanhas relacionadas à preservação da natureza?	( )		

Aprendizado					
preenchidos a partir da avaliação anterior – no caso de primeira visita assinalar (na)					
Item	Nível exig.	Requisito da qualidade			
6		Existem melhorias para pelo menos uma das práticas assinaladas com (s) para a responsabilidade socioambiental? *Esta questão será avaliada pela equipe de visitadores após comparação com roteiro preenchido na visita anterior.*	(na)	(s)	(n)

Integração				
Item	Nível exig.	Requisito da qualidade		
7		As práticas assinaladas com (s) para a responsabilidade socioambiental estão integradas (são coerentes com a missão do hospital, existe uma relação entre elas e existe cooperação entre as áreas para que aconteçam)? *Esta questão será avaliada pela equipe de visitadores por meio das informações obtidas durante a visita.*	(s)	(n)

4.2 Desenvolvimento social

Este item reúne requisitos relativos ao fortalecimento da sociedade por meio de projetos alinhados às suas necessidades e à imagem do hospital perante a sociedade.

Enfoque e aplicação				
Item	Nível exig.	Requisito da qualidade		
1	**	O hospital conhece as necessidades sociais das comunidades vizinhas?	(s)	(n)
2		O hospital desenvolve atividades de apoio à comunidade?	(s)	(n)
3	*	Há um programa de estímulo para a captação de doadores periódicos de sangue e/ou órgãos?	(s)	(n)
4		Há esquema formal para atendimento em casos de calamidade pública?	(s)	(n)

Critério IV – Sociedade

		Enfoque e aplicação			
Item	Nível exig.	Requisito da qualidade			
5		O hospital incentiva os membros de sua força de trabalho a desenvolverem atividades junto à comunidade?		(s)	(n)
6		O hospital permite o trabalho voluntário de seus colaboradores durante o horário de trabalho?		(s)	(n)

		Aprendizado				
		preenchidos a partir da avaliação anterior – no caso de primeira visita assinalar **(na)**				
Item	Nível exig.	Requisito da qualidade				
7		Existem melhorias para pelo menos uma das práticas assinaladas com (s) para o desenvolvimento social? *Esta questão será avaliada pela equipe de visitadores após comparação com roteiro preenchido na visita anterior.*	(na)	(s)	(n)

		Integração			
Item	Nível exig.	Requisito da qualidade			
8		As práticas assinaladas com (s) para o desenvolvimento social estão integradas (são coerentes com a missão do hospital, existe uma relação entre elas e existe cooperação entre as áreas para que aconteçam)? *Esta questão será avaliada pela equipe de visitadores por meio das informações obtidas durante a visita.*		(s)	(n)

Critério V – Informações e conhecimento

O critério *informações e conhecimento* examina a gestão das informações, incluindo a obtenção de informações comparativas pertinentes. Também examina como o hospital identifica, desenvolve, mantém e protege seus ativos intangíveis.

5.1 Informações do hospital

O item abrange a identificação das necessidades de informações, a implementação de sistemas de informações que atendam a essas necessidades, a atualização tecnológica dos sistemas desenvolvidos, a disponibilização das informações aos usuários e a segurança das informações.

Roteiro de avaliação – Programa CQH 183

Critério V – Informações e conhecimento

Enfoque e aplicação					
Item	Nível exig.	Requisito da qualidade			
1		As anotações nos prontuários dos pacientes são legíveis?		(s)	(n)
2		Há prontuário único para cada paciente?		(s)	(n)
3		Todos os atendimentos são registrados nos prontuários dos pacientes (ambulatorial, emergencial e internação)?		(s)	(n)
4		Os prontuários arquivados dos pacientes têm:		(s)	(n)
		1. folhas datadas?	( )		
		2. folhas com identificação e assinatura dos profissionais que fizeram os registros?	( )		
		3. identificação do paciente em todas as folhas?	( )		
		4. anamnese?	( )		
		5. exame físico?	( )		
		6. evolução clínica?	( )		
		7. resumo de alta?	( )		
		8. autorização do paciente para realização de procedimentos (consentimento informado autorizado)?	( )		
5		O hospital faz comunicação das doenças de notificação compulsória?		(s)	(n)
6	*	Nos prontuários dos pacientes, nas unidades de internação, há:		(s)	(n)
		1. evolução e prescrição médica diária e atualizada?	( )		
		2. anotações de enfermagem diária e atualizada?	( )		
		3. registro de resultados de exames complementares?	( )		
		4. registro de atividades de outros profissionais de apoio?	( )		
		5. relatórios completos de procedimentos realizados no centro cirúrgico e/ou obstétrico?	( )		
		6. autorização do paciente para realização de procedimentos (consentimento informado autorizado)?	( )		
7		Há relatório cirúrgico das cirurgias?	(na)	(s)	(n)
8		O médico responsável pelo ato anestésico preenche a ficha de anestesia?	(na)	(s)	(n)
9		Há registro, em prontuário de cada parturiente, de:	(na)	(s)	(n)
		1. sorologia para sífilis?	( )		
		2. grupo sanguíneo e fator Rh?	( )		
		3. estado vacinal para tétano?	( )		

184 Manual de gestão hospitalar

Critério V – Informações e conhecimento

		Enfoque e aplicação			
Item	Nível exig.	Requisito da qualidade			
		4. dosagem de hemoglobina e hematócrito?	( )		
		5. sorologia para HIV?	( )		
10		Faz-se o monitoramento e registro regular durante o trabalho de parto de:	(na)	(s)	(n)
		1. batimentos cardíacos fetais?	( )		
		2. pressão arterial materna?	( )		
		3. evolução do trabalho de parto?	( )		
11		São registrados, como rotina, para todos os recém-nascidos:		(s)	(n)
		1. peso	( )		
		2. verificação de Apgar no 1º e 5º minutos?	( )		
		3. exame físico completo	( )		
		4. idade gestacional	( )		
		5. profilaxia ocular	( )		
		6. administração profilática de vitamina K?	( )		
12		Em caso de parto são registradas, em todos os prontuários, as identificações da mãe e do recém-nascido?	(na)	(s)	(n)
13		Há registro dos resultados da anatomia patológica?	(na)	(s)	(n)
14		As solicitações de exames de laboratório contêm informações sobre as condições clínicas do paciente, e as mesmas estão à disposição dos profissionais que processam os exames?	(na)	(s)	(n)
15		A ficha de emergência tem:	(na)	(s)	(n)
		1. anotações de enfermagem?	( )		
		2. anotação de exame físico?	( )		
		3. prescrição?	( )		
		4. indicação do encaminhamento ou destino?	( )		
16		Os procedimentos de reabilitação são registrados no prontuário do paciente?	(na)	(s)	(n)
17	**	A coleta das informações relevantes sobre os processos principais e de apoio para avaliação dos resultados está associada ao tipo de atendimento prestado no hospital, segundo seu perfil nosológico?		(s)	(n)
18		Os dados coletados são organizados em sistemas de informação?		(s)	(n)

Roteiro de avaliação – Programa CQH   185

Critério V – Informações e conhecimento

Enfoque e aplicação					
Item	Nível exig.	Requisito da qualidade			
19		A definição de sistemas de informação para o hospital é identificada a partir da necessidade de operacionalização dos processos?		(s)	(n)
20		O hospital tem meios para garantir a integridade, segurança e atualização dos dados coletados?		(s)	(n)
21		O sistema de coleta e processamento dos indicadores informados ao CQH obedece à metodologia definida pelo programa (CQH 4-1)?		(s)	(n)
22		Existem pessoas treinadas na metodologia CQH dedicadas à elaboração de estatísticas do hospital?		(s)	(n)

Aprendizado					
preenchidos a partir da avaliação anterior – no caso de primeira visita assinalar **(na)**					
Item	Nível exig.	Requisito da qualidade			
23		Existem melhorias para pelo menos uma das práticas assinaladas com (s) para as informações do hospital? *Essa questão será avaliada pela equipe de visitadores após comparação com roteiro preenchido na visita anterior.*	(na)	(s)	(n)

Integração					
Item	Nível exig.	Requisito da qualidade			
24		As práticas assinaladas com (s) para as informações do hospital estão integradas (são coerentes com a missão do hospital, existe uma relação entre elas e existe cooperação entre as áreas para que aconteçam)? *Esta questão será avaliada pela equipe de visitadores por meio das informações obtidas durante a visita.*		(s)	(n)

5.2 Informações comparativas

Este item verifica o que o hospital faz para comparar seus dados com os concorrentes, outros hospitais e com a literatura, de maneira a usar estas comparações gerando informação para apoiar a análise crítica do desempenho global: quais seus referenciais de excelência e como busca suas informações comparativas.

186 Manual de gestão hospitalar

Critério V – Informações e conhecimento

Enfoque e aplicação					
Item	Nível exig.	Requisito da qualidade			
1		O hospital realiza visitas a outras instituições para obter referenciais comparativos?		(s)	(n)
2		O hospital participa dos grupos do Nageh (pelo menos dois subitens):	(na)	(s)	(n)
		1. enfermagem?	( )		
		2. nutrição?	( )		
		3. farmácia?	( )		
		4. clientes?	( )		
		5. hospitais pediátricos?	( )	(na)	
		6. infecção hospitalar?	( )		
		7. hotelaria hospitalar?	( )		
		8. Nordeste – NE (somente para os hospitais da região)?	( )	(na)	
3	*	O hospital disponibiliza suas informações para outros hospitais (além das obrigatórias no CQH)?		(s)	(n)
4		O laboratório de análises clínicas está vinculado a um programa externo específico de controle de qualidade?		(s)	(n)
5		As informações comparativas são utilizadas para (no mínimo um subitem):	(na)	(s)	(n)
		1. o estabelecimento das metas do hospital?	( )		
		2. análise do nível de desempenho do hospital?	( )		
		3. gestão dos processos principais?	( )		
		4. gestão dos processos de apoio?	( )		
6	**	São desencadeadas ações de melhoria a partir da análise advinda das informações comparativas?		(s)	(n)

Aprendizado					
preenchidos a partir da avaliação anterior – no caso de primeira visita assinalar (na)					
Item	Nível exig.	Requisito da qualidade			
7		Existem melhorias para pelo menos uma das práticas assinaladas com (s) para as informações comparativas? *Esta questão será avaliada pela equipe de visitadores após comparação com roteiro preenchido na visita anterior.*	(na)		

Critério V – Informações e conhecimento

Integração					
Item	Nível exig.	Requisito da qualidade			
8		As práticas assinaladas com (s) para as informações comparativas estão integradas (são coerentes com a missão do hospital, existe uma relação entre elas e existe cooperação entre as áreas para que aconteçam)? *Esta questão será avaliada pela equipe de visitadores por meio das informações obtidas durante a visita.*		(s)	(n)

5.3 Ativos intangíveis e conhecimento organizacional

O item aborda como o hospital identifica os ativos intangíveis geradores de diferenciais competitivos, o desenvolvimento dos ativos, a manutenção e proteção de ativos e o desenvolvimento e manutenção do conhecimento.

Enfoque e aplicação					
Item	Nível exig.	Requisito da qualidade			
1		O hospital vincula sua marca com outras marcas reconhecidas?		(s)	(n)
2		Há publicações recentes (menos de quatro anos), em português, das quatro clínicas básicas e sobre emergências, disponíveis 24 horas?		(s)	(n)
3		São utilizadas as diretrizes clínicas da AMB para definir os protocolos?		(s)	(n)
4		É feita assinatura de pelo menos duas revistas científicas?		(s)	(n)
5		O hospital estimula a publicação em revistas científicas?		(s)	(n)
6	*	Os conhecimentos adquiridos (com os próprios processos ou externamente) são compartilhados internamente no hospital?		(s)	(n)
7	**	O conhecimento desenvolvido no hospital é preservado, por meio de (no mínimo um subitem):		(s)	(n)
		1. edição de novos padrões de trabalho (divulgação interna dos manuais de normas e procedimentos do hospital, alterados a partir de novos conhecimentos)?	( )		
		2. instrutoria interna (cursos e/ou seminários internos realizados por profissionais do próprio hospital)?	( )		
		3. divulgação de boletins técnicos?	( )		

Manual de gestão hospitalar

Critério V – Informações e conhecimento

Enfoque e aplicação					
Item	Nível exig.	Requisito da qualidade			
		4. disseminação interna das boas práticas do hospital?	( )		
		5. banco de dados de conhecimento (atas de reuniões técnicas, entre outros)?	( )		

Aprendizado					
preenchidos a partir da avaliação anterior – no caso de primeira visita assinalar **(na)**					
Item	Nível exig.	Requisito da qualidade			
8		Existem melhorias para pelo menos uma das práticas assinaladas com (s) para os ativos intangíveis e conhecimento organizacional? *Esta questão será avaliada pela equipe de visitadores após comparação com roteiro preenchido na visita anterior.*	(na)	(s)	(n)

Integração					
Item	Nível exig.	Requisito da qualidade			
9		As práticas assinaladas com (s) para os ativos intangíveis e conhecimento organizacional estão integradas (são coerentes com a missão do hospital, existe uma relação entre elas e existe cooperação entre as áreas para que aconteçam)? *Esta questão será avaliada pela equipe de visitadores por meio das informações trabalhadas durante a visita.*		(s)	(n)

Critério VI – Pessoas

O critério *pessoas* examina os sistemas de trabalho do hospital, incluindo a organização do trabalho, os processos relativos à seleção e contratação de pessoas, assim como o estímulo ao desempenho das pessoas. Também examina os processos relativos à capacitação e desenvolvimento das pessoas e como o hospital promove a construção do ambiente propício à qualidade de vida das pessoas, interna e externamente ao ambiente de trabalho.

6.1 Sistemas de trabalho

O item enfoca as formas como o hospital proporciona à sua força de trabalho condições para definir e executar seus processos. Inclui como as pessoas

Critério VI – Pessoas

são organizadas, visando assegurar condições adequadas de trabalho no que se refere a aspectos como cooperação, comunicação, autonomia, estrutura de cargos e outros.

Enfoque e aplicação					
Item	Nível exig.	Requisito da qualidade			
1		Há escalas de plantões ativos ou a distância (com número de telefone), acessíveis no serviço 24 horas, para:		(s)	(n)
		1. técnicos de laboratório?	( )		
		2. outros profissionais de laboratório?	( )		
		3. médicos radiologistas?	( )		
		4. técnico de radiologia?	( )		
		5. anestesistas?	( )	(na)	
		6. pessoal técnico de banco de sangue?	( )	(na)	
		7. equipe de manutenção?	( )		
2		O hospital faz avaliação formal de desempenho das pessoas?		(s)	(n)
3		As promoções de pessoas no hospital são baseadas em critério de desempenho?		(s)	(n)
4		O hospital oferece remuneração variável baseada em avaliação de desempenho das pessoas ou grupos?		(s)	(n)
5		O hospital tem processo de seleção interna?		(s)	(n)
6	*	Os profissionais admitidos no serviço de enfermagem recebem treinamento formal teórico e prático de integração ministrado por enfermeiro?		(s)	(n)
7		O hospital tem programa formal de integração para pessoas recém-admitidas?		(s)	(n)

Aprendizado					
preenchidos a partir da avaliação anterior – no caso de primeira visita assinalar **(na)**					
Item	Nível exig.	Requisito da qualidade			
8		Existem melhorias para pelo menos uma das práticas assinaladas com (s) para os sistemas de trabalho? *Esta questão será avaliada pela equipe de visitadores após comparação com roteiro preenchido na visita anterior.*	(na)	(s)	(n)

190 Manual de gestão hospitalar

Critério VI – Pessoas

Integração					
Item	Nível exig.	Requisito da qualidade			
9		As práticas assinaladas com (s) para os sistemas de trabalho estão integradas (são coerentes com a missão do hospital, existe uma relação entre elas e existe cooperação entre as áreas para que aconteçam)? *Esta questão será avaliada pela equipe de visitadores por meio das informações obtidas durante a visita.*		(s)	(n)

6.2 Capacitação e desenvolvimento

O item reúne os requisitos relativos às atividades de desenvolvimento da força de trabalho, desde a fase de identificação das necessidades, passando pela realização e avaliação da eficácia, levando em conta as estratégias do hospital.

Enfoque e aplicação					
Item	Nível exig.	Requisito da qualidade			
1		A necessidade de treinamento das pessoas está alinhada com as diretrizes definidas no planejamento estratégico do hospital?		(s)	(n)
2	**	O profissional participa da elaboração de seu plano de treinamento e capacitação?		(s)	(n)
3		Os treinamentos são executados a partir das necessidades identificadas pelo hospital?		(s)	(n)
4		Na previsão de despesas há alocação específica de recursos para o treinamento de pessoas?		(s)	(n)
5		Existem atividades de educação continuada para a enfermagem nos diversos serviços?		(s)	(n)
6		As pessoas do serviço de higiene hospitalar recebem instruções básicas a respeito de:		(s)	(n)
		1. limpeza diária?	( )		
		2. desinfecção e limpeza de superfícies?	( )		
		3. limpeza terminal de todas as áreas?	( )		
		4. manuseio e descarte dos resíduos sólidos?	( )		
7		As pessoas do hospital que atuam na assistência recebem treinamento sistemático, periódico e específico sobre os procedimentos de controle de infecção hospitalar?		(s)	(n)

Roteiro de avaliação – Programa CQH   191

Critério VI – Pessoas

Enfoque e aplicação					
Item	Nível exig.	Requisito da qualidade			
8		As pessoas que mantêm contato com o público recebem treinamento específico para atendimento ao usuário?		(s)	(n)
9		Representantes do hospital participam nos cursos do CQH?		(s)	(n)

Aprendizado					
preenchidos a partir da avaliação anterior – no caso de primeira visita assinalar **(na)**					
Item	Nível exig.	Requisito da qualidade			
10		Existem melhorias para pelo menos uma das práticas assinaladas com (s) para a capacitação e desenvolvimento? *Esta questão será avaliada pela equipe de visitadores após comparação com roteiro preenchido na visita anterior.*	(na)	(s)	(n)

Integração				
Item	Nível exig.	Requisito da qualidade		
11		As práticas assinaladas com (s) para a capacitação e desenvolvimento estão integradas (são coerentes com a missão do hospital, existe uma relação entre elas e existe cooperação entre as áreas para que aconteçam)? *Esta questão será avaliada pela equipe de visitadores por meio das informações obtidas durante a visita.*	(s)	(n)

6.3 Qualidade de vida

Verifica como os fatores relativos ao ambiente de trabalho e ao clima organizacional são identificados, avaliados e utilizados para assegurar o bem-estar, a satisfação e a motivação das pessoas que trabalham no hospital.

Enfoque e aplicação					
Item	Nível exig.	Requisito da qualidade			
1		Todas as pessoas que trabalham no hospital realizam:		(s)	(n)
		1. exame admissional?	( )		
		2. exames periódicos?	( )		
		3. prevenção de doenças profissionais?	( )		
		4. exame demissional?	( )		

192 Manual de gestão hospitalar

Critério VI – Pessoas		

Enfoque e aplicação					
Item	Nível exig.	Requisito da qualidade			
2		O mapa de risco está visível em cada área?		(s)	(n)
3		Há programas preventivos implantados de acordo com o mapa de risco?		(s)	(n)
4	*	Há uso sistemático de equipamentos de proteção individual baseado no Programa de Prevenção de Risco Ambiental (PPRA)?		(s)	(n)
5		As pessoas que manipulam a roupa suja estão devidamente uniformizadas com gorro, máscara, luvas, botas e roupas exclusivas do setor?		(s)	(n)
6		É feito acompanhamento de exames hematológicos e controle da dosimetria da força de trabalho do setor de imagem?		(s)	(n)
7		Há monitoramento de acidentes do trabalho e de doenças profissionais visando orientar as atividades de prevenção?		(s)	(n)
8		Há orientação e treinamento sistemáticos das pessoas quanto à prevenção de acidentes do trabalho?		(s)	(n)
9		O hospital oferece programas de promoção da saúde?		(s)	(n)
10		É feita imunização ativa dos profissionais em atividades de risco?		(s)	(n)
11		O hospital faz avaliação ergonômica de seus ambientes e mobiliário?		(s)	(n)
12		Há conforto para a equipe de saúde na UTI?	(na)	(s)	(n)
13		Há conforto para a equipe de saúde na emergência?	(na)	(s)	(n)
14		Há vestiários com chuveiros para uso das pessoas que trabalham no hospital (além dos do CC e CO)?		(s)	(n)
15		Dentro do hospital, são realizadas campanhas que visam manter a limpeza e ordem no ambiente de trabalho?		(s)	(n)
16		Há brigada de incêndio presente 24 horas no hospital?		(s)	(n)
17		Existem mecanismos para identificar e analisar o bem-estar e a satisfação das pessoas que trabalham no hospital (no mínimo um subitem):		(s)	(n)
		1. pesquisa de clima organizacional?	( )		
		2. ouvidoria da força de trabalho?	( )		
		3. outros? (especificar)	( )		
18	**	Existem ações decorrentes do resultado da pesquisa de clima organizacional ou do levantamento realizado junto à força de trabalho com qualquer outra ferramenta?		(s)	(n)

Roteiro de avaliação – Programa CQH 193

Critério VI – Pessoas		

Aprendizado					
preenchidos a partir da avaliação anterior – no caso de primeira visita assinalar **(na)**					
Item	Nível exig.	Requisito da qualidade			
19		Existem melhorias para pelo menos uma das práticas assinaladas com (s) para a qualidade de vida? *Esta questão será avaliada pela equipe de visitadores após comparação com roteiro preenchido na visita anterior.*	(na)	(s)	(n)

Integração					
Item	Nível exig.	Requisito da qualidade			
20		As práticas assinaladas com (s) para a qualidade de vida estão integradas (são coerentes com a missão do hospital, existe uma relação entre elas e existe cooperação entre as áreas para que aconteçam)? *Esta questão será avaliada pela equipe de visitadores por meio das informações obtidas durante a visita.*		(s)	(n)

Critério VII – Processos

O critério *processos* examina como o hospital identifica, gerencia, analisa e melhora os processos principais do negócio e os processos de apoio. Também examina como o hospital gerencia o processo de relacionamento com os fornecedores e conduz a gestão dos processos econômico-financeiros, visando a sustentabilidade econômica do negócio.

7.1. *Processos principais do negócio e processos de apoio*

Este item trata dos processos que geram os produtos e serviços do hospital, entregues aos seus clientes, e os processos que suportam a execução desses processos de produção dos produtos e serviços.

Enfoque e aplicação					
Item	Nível exig.	Requisito da qualidade			
1		Os protocolos clínicos utilizados consideram o perfil nosológico da unidade?		(s)	(n)
2		Existe pelo menos um médico de plantão ativo no hospital 24 horas?		(s)	(n)

194 Manual de gestão hospitalar

Critério VII – Processos

		Enfoque e aplicação			
Item	Nível exig.	Requisito da qualidade			
3		Todo paciente tem um médico responsável?		(s)	(n)
4		Existem médicos que passam visitas diárias em todos os leitos e atualizam as prescrições e evoluções médicas?		(s)	(n)
5	*	O hospital trabalha com sistematização da assistência de enfermagem?		(s)	(n)
6		Há supervisão técnica de enfermagem nas seguintes unidades de internação:	(na)	(s)	(n)
		1. berçário?	( )	(na)	
		2. pediatria?	( )	(na)	
		3. clínica médica?	( )	(na)	
		4. clínica cirúrgica?	( )	(na)	
		5. outras? (especificar)	( )	(na)	
7		Existem impressos padronizados para:	(na)	(s)	(n)
		1. berçário?	( )	(na)	
		2. pediatria?	( )	(na)	
		3. clínica médica?	( )	(na)	
		4. clínica cirúrgica?	( )	(na)	
		5. outras? (especificar)	( )	(na)	
8	*	Há um controle de medicamentos psicoativos nas unidades:	(na)	(s)	(n)
		1. berçário?	( )	(na)	
		2. neonatologia patológica?	( )	(na)	
		3. pediatria?	( )	(na)	
		4. clínica médica?	( )	(na)	
		5. clínica cirúrgica?	( )	(na)	
		6. UTI?	( )	(na)	
		7. centro cirúrgico?	( )	(na)	
		8. centro obstétrico?	( )	(na)	
		9. serviço de emergência/pronto atendimento?	( )	(na)	
9		Há um controle da utilização dos materiais de consumo nas unidades (no mínimo quatro subitens):	(na)	(s)	(n)
		1. berçário?	( )	(na)	
		2. neonatologia patológica?	( )	(na)	

Roteiro de avaliação – Programa CQH

Critério VII – Processos					

Enfoque e aplicação					
Item	Nível exig.	Requisito da qualidade			
		3. pediatria?	( )	(na)	
		4. clínica médica?	( )	(na)	
		5. clínica cirúrgica?	( )	(na)	
		6. UTI?	( )	(na)	
		7. centro cirúrgico?	( )	(na)	
		8. centro obstétrico?	( )	(na)	
		9. serviço de emergência/pronto atendimento?	( )	(na)	
		10. outros? (especificar)	( )	(na)	
10	*	O hospital monitora eventos-sentinela nas unidades?	(na)	(s)	(n)
		1. berçário?	( )	(na)	
		2. neonatologia patológica?	( )	(na)	
		3. pediatria?	( )	(na)	
		4. clínica médica?	( )	(na)	
		5. clínica cirúrgica?	( )	(na)	
		6. UTI?	( )	(na)	
		7. centro cirúrgico?	( )	(na)	
		8. centro obstétrico?	( )	(na)	
		9. serviço de emergência/pronto atendimento?	( )	(na)	
		10. outros? (especificar)	( )	(na)	
11		É respeitada a privacidade do paciente em todos ambientes do hospital?		(s)	(n)
12		Há um sistema definido para garantir as informações aos familiares dos pacientes internados?		(s)	(n)
13		A detecção de casos de infecção hospitalar pelo SCIH é feita com base em definições preestabelecidas?		(s)	(n)
14		A vigilância epidemiológica das infecções hospitalares é realizada por meio de busca ativa?		(s)	(n)
15		A CCIH registra e analisa:		(s)	(n)
		1. identificação das cepas prevalentes?	( )		
		2. perfil da resistência microbiana?	( )		
16		Os relatórios produzidos pela CCIH são divulgados (no mínimo dois subitens):		(s)	(n)
		1. nas unidades	( )		

Manual de gestão hospitalar

Critério VII – Processos

Enfoque e aplicação					
Item	Nível exig.	Requisito da qualidade			
		2. para os médicos	( )		
		3. para outras comissões, além da CCIH?	( )		
17		São utilizados métodos ativos de vigilância epidemiológica das infecções hospitalares, orientados em sistema que lhe permita comparações entre instituições assemelhadas?		(s)	(n)
18		Utilizam-se protocolos baseados em evidência clínica para determinar o prognóstico de pacientes nas UTIs?	(na)	(s)	(n)
19		Utilizam-se protocolos baseados em evidência clínica para o tratamento de pacientes nas UTIs?	(na)	(s)	(n)
20		Há impressos padronizados para evolução dos pacientes na UTI:	(na)	(s)	(n)
		1. médica?	( )		
		2. de enfermagem?	( )	(na)	
		3. outros profissionais? (especificar)	( )	(na)	
21		Os visitantes são orientados quanto à higiene das mãos para entrarem na UTI?	(na)	(s)	(n)
22		Há médico e enfermeiro exclusivos em plantão ativo nas 24 horas, nas:	(na)	(s)	(n)
		1. UTIs?	( )		
		2. emergência?	( )		
23		Na UTI há um médico diarista que passa visita juntamente com o plantonista?	(na)	(s)	(n)
24		Há supervisão de enfermagem na UTI?	(na)	(s)	(n)
25		Há profissionais de enfermagem qualificados, na proporção de um para cada dois leitos (mínimo de 12 horas de cuidados de enfermagem/paciente-dia) na UTI?	(na)	(s)	(n)
26		Há atividades de controle da assistência prestada na UTI:	(na)	(s)	(n)
		1. revisão clínica?	( )		
		2. revisão de óbitos e complicações?	( )		
		3. análise de taxa de mortalidade por diagnóstico?	( )		
		4. vigilância epidemiológica das infecções hospitalares por procedimentos?	( )		
27	**	É feita avaliação da qualidade dos cuidados de enfermagem na UTI por meio de indicadores assistenciais (no mínimo, os propostos pelo grupo de indicadores de enfermagem do Nageh)?	(na)	(s)	(n)

Roteiro de avaliação – Programa CQH 197

Critério VII – Processos

Enfoque e aplicação					
Item	Nível exig.	Requisito da qualidade			
28		A UTI tem acesso aos serviços de (no mínimo cinco subitens):	(na)	(s)	(n)
		1. neurologia?	( )	(na)	
		2. pneumologia?	( )	(na)	
		3. nefrologia?	( )	(na)	
		4. cardiologia?	( )	(na)	
		5. cirurgia?	( )	(na)	
		6. fisioterapia?	( )	(na)	
		7. serviço social?	( )	(na)	
		8. psicologia?	( )	(na)	
		9. nutrição?	( )	(na)	
		10. fonoaudiologia?	( )	(na)	
		11. terapia ocupacional?	( )	(na)	
29		A UTI tem acesso nas 24 horas aos serviços:	(na)	(s)	(n)
		1. laboratório de análises clínicas?	( )		
		2. hemoterapia?	( )		
		3. radiologia?	( )		
		4. centro cirúrgico?	( )		
30		Há um sistema definido, na UTI, para garantir informações aos familiares ou responsáveis pelo paciente?	(na)	(s)	(n)
31		A UTI tem acesso 24 horas ao monitoramento de gases arteriais?	(na)	(s)	(n)
32		Para o gerenciamento da UTI são considerados os indicadores assistenciais (no mínimo, os indicadores relacionados à UTI encaminhados ao CQH trimestralmente)?	(na)	(s)	(n)
33		Existe confirmação prévia para as cirurgias eletivas que necessitam de UTI?	(na)	(s)	(n)
34	**	São feitas reuniões clínicas para avaliação e melhoria dos processos assistenciais?		(s)	(n)
35		Existe área determinada para informação ao responsável pelo paciente no pós-operatório?	(na)	(s)	(n)
36		Há supervisão de enfermagem no centro cirúrgico?	(na)	(s)	(n)
37		É cumprida a programação do uso das salas cirúrgicas?	(na)	(s)	(n)
38		São cumpridas as normas de limpeza das salas cirúrgicas entre os procedimentos e ao final do dia?	(na)	(s)	(n)

Manual de gestão hospitalar

Critério VII – Processos

Enfoque e aplicação					
Item	Nível exig.	Requisito da qualidade			
39		As pessoas só ingressam no centro cirúrgico após vestir uniforme privativo?	(na)	(s)	(n)
40		As pessoas usam o uniforme privativo do centro cirúrgico exclusivamente no setor?	(na)	(s)	(n)
41		A programação cirúrgica diária é de conhecimento das áreas de apoio e enfermarias?	(na)	(s)	(n)
42		Os anestesistas controlam a recuperação dos pacientes operados e indicam o momento de translado para a área de internação correspondente?	(na)	(s)	(n)
43		Os anestesistas realizam consultas pré-anestésicas?	(na)	(s)	(n)
44		Para o gerenciamento do centro cirúrgico são considerados os indicadores assistenciais (no mínimo, os indicadores relacionados ao centro cirúrgico encaminhados ao CQH trimestralmente)?	(na)	(s)	(n)
45		O centro cirúrgico faz levantamentos de satisfação junto à equipe cirúrgica?	(na)	(s)	(n)
46		É feita biópsia de congelação no centro cirúrgico?	(na)	(s)	(n)
47		O hospital oferece serviços de anatomia patológica?	(na)	(s)	(n)
48		O anatomopatologista participa de reuniões anatomoclínicas e/ou discussão de casos?	(na)	(s)	(n)
49		Os pacientes permanecem em observação no serviço de emergência no máximo 24 horas?	(na)	(s)	(n)
50		A emergência tem acesso 24 horas a:	(na)	(s)	(n)
		1. radiologia?	( )		
		2. laboratório de análises clínicas?	( )		
		3. hemoterapia?	( )		
51		Para o gerenciamento do serviço de emergência são considerados os indicadores assistenciais?	(na)	(s)	(n)
52		O hospital realiza avaliação do paciente com classificação de risco no atendimento de emergência?	(na)	(s)	(n)
53		Na emergência, para a sustentação da vida, são seguidas as diretrizes clínicas elaboradas pela Associação Médica Brasileira ou similar?	(na)	(s)	(n)

Roteiro de avaliação – Programa CQH   199

Critério VII – Processos

Enfoque e aplicação					
Item	Nível exig.	Requisito da qualidade			
54		Os laudos dos exames laboratoriais incluem informação sobre os valores da faixa normal de resultados, conforme a técnica utilizada?		(s)	(n)
55		Há supervisão técnica permanente dos processos na execução dos exames laboratoriais?		(s)	(n)
56		Há registro diário no laboratório de análises clínicas de aferição de temperatura em:		(s)	(n)
		1. estufas?	( )		
		2. banhos-maria?	( )		
		3. refrigeradores?	( )		
		4. *freezers*?	( )		
		5. outros aparelhos?	( )		
57		Há condições para a realização de exames laboratoriais de urgência?		(s)	(n)
58	*	É possível identificar a amostra durante todas as fases do processo de análise laboratorial?		(s)	(n)
59		É feito o controle do tempo de entrega dos resultados dos exames laboratoriais?		(s)	(n)
60		Há rotinas de verificação dos resultados dos exames laboratoriais antes da emissão dos laudos?		(s)	(n)
61		O laboratório de análises clínicas faz monitoramento de indicadores em todas as fases do processo?		(s)	(n)
62		Os resultados dos exames laboratoriais dos últimos cinco anos estão arquivados e facilmente acessíveis?		(s)	(n)
63		Há registro diário no laboratório de análises clínicas de aferição de temperatura em:		(s)	(n)
		1. controle interno de qualidade com amostras-controle?	( )		
		2. curvas de calibração de reagentes com periodicidade necessária?	( )		
		3. manutenção preventiva ou reposição imediata dos equipamentos automatizados?	( )		
64		Todos os exames de imagem processados têm identificação, contendo nome, registro do paciente e data, para:	(na)	(s)	(n)
		1. raio-X?	( )	(na)	

200 Manual de gestão hospitalar

Critério VII – Processos

Enfoque e aplicação					
Item	Nível exig.	Requisito da qualidade			
		2. ultrassom?	( )	(na)	
		3. tomografia?	( )	(na)	
		4. ressonância?	( )	(na)	
		5. outros? (especificar)	( )	(na)	
65		Os exames de imagem dispõem de laudo assinado por médico responsável com cópias dos mesmos de fácil acesso:	(na)	(s)	(n)
		1. raio-X?	( )	(na)	
		2. ultrassom?	( )	(na)	
		3. tomografia?	( )	(na)	
		4. ressonância?	( )	(na)	
		5. outros? (especificar)	( )	(na)	
66	*	Para realização de exames radiológicos com contraste:	(na)	(s)	(n)
		1. o exame somente é realizado com a presença do médico?	( )		
		2. os pacientes são devidamente orientados?	( )		
		3. há material de ressuscitação cardiorrespiratória (medicamentos e equipamentos) disponível no local?	( )		
67		Os exames radiológicos de maior complexidade são solicitados de acordo com critérios previamente definidos junto ao corpo clínico (tomografia computadorizada, ressonância nuclear magnética, arteriografias e angiografia)?	(na)	(s)	(n)
68		Os laudos radiológicos dos últimos cinco anos estão arquivados de forma eletrônica ou convencional e facilmente acessíveis?		(s)	(n)
69		O serviço de hemoterapia faz controle de qualidade interno e externo dos hemocomponentes?	(na)	(s)	(n)
70		O doador de sangue recebe os resultados das sorologias e, caso estejam alterados, é notificado para receber instruções no local de doação, com o devido respeito à sua privacidade?	(na)	(s)	(n)
71		São feitas provas de compatibilidade em exames pré-transfusionais com pesquisa de anticorpo irregular no receptor e doador?	(na)	(s)	(n)
72		Hemocomponentes são liberados para transfusão por meio de solicitação médica, com assinatura, nome legível e número do CRM?		(s)	(n)

Roteiro de avaliação – Programa CQH **201**

Critério VII – Processos

Enfoque e aplicação					
Item	Nível exig.	Requisito da qualidade			
73		O acesso do hospital a sangue certificado se faz em menos de uma hora?			(n)
74		O médico responsável pelo serviço de hemoterapia:	(na)	(s)	(n)
		1. está presente durante toda a coleta?	( )	(na)	
		2. supervisiona fracionamento?	( )	(na)	
		3. supervisiona armazenamento?	( )	(na)	
		4. supervisiona distribuição?	( )	(na)	
		5. supervisiona transfusão?	( )	(na)	
75		O controle de tempo de transfusão de hemocomponentes está registrado no prontuário?		(s)	(n)
76		Há acompanhamento médico durante a sessão dialítica?	(na)	(s)	(n)
77		Há serviço de enfermagem exclusivo para o setor de diálise?	(na)	(s)	(n)
78		Há vacinação contra hepatite B para os pacientes em hemodiálise com sorologia negativa?	(na)	(s)	(n)
79		Há identificação e controle dos capilares em reuso no setor de diálise?	(na)	(s)	(n)
80		É feita dosagem periódica do teor de alumínio na água utilizada para diálise?	(na)	(s)	(n)
81	*	É feita identificação dos mecanismos utilizados para garantia da esterilização de materiais no centro de materiais (incluindo os materiais de implantes e próteses):		(s)	(n)
		1. fita termossensível	( )		
		2. integradores químicos	( )		
		3. indicador biológico	( )		
		4. teste de Bowie Dick	( )		
		5. rastreabilidade?	( )		
82		Há controle do instrumental cirúrgico:	(na)	(s)	(n)
		1. inventário periódico das peças?	( )		
		2. esquema para garantir reparos e/ou reposição?	( )		
		3. identificação das peças?	( )		
83	*	Há controle da validade dos medicamentos (incluindo os fracionados)?		(s)	(n)

Manual de gestão hospitalar

Critério VII – Processos				

Enfoque e aplicação				
Item	Nível exig.	Requisito da qualidade		
84		O processo de monitoramento dos medicamentos psicoativos assegura que o controle físico seja igual ao registro da quantidade de estoque:	(s)	(n)
		1. armazenamento?	( )	
		2. distribuição para as unidades de internação?	( )	
85	**	Há indicadores referentes à farmacovigilância no hospital?	(s)	(n)
86		O hospital conta com um sistema que garanta a chegada de comida quente ao paciente?	(s)	(n)
87		Há relação entre as dietas do dia efetivamente recebidas pelos pacientes e as diferentes prescrições dietéticas?	(s)	(n)
88		A nutricionista participa na avaliação nutricional e na prescrição dietética dos pacientes nutricionalmente comprometidos?	(s)	(n)
89		Há indicadores de satisfação/insatisfação da alimentação fornecida pelo hospital?	(s)	(n)
90		Há um sistema de controle da entrada e saída de roupas da lavanderia?	(s)	(n)
91		A limpeza diária é supervisionada em todas as unidades?	(s)	(n)
92		Os processos principais e de apoio são gerenciados por meio de indicadores de desempenho?	(s)	(n)
93		Os processos principais e de apoio são planejados e modificados por meio de projetos formais?	(s)	(n)
94	**	O hospital tem metodologia para avaliar e melhorar seus processos principais e de apoio (incluindo as não conformidades)?	(s)	(n)

Aprendizado					
preenchidos a partir da avaliação anterior – no caso de primeira visita assinalar **(na)**					
Item	Nível exig.	Requisito da qualidade			
95		Existem melhorias para pelo menos uma das práticas assinaladas com (s) para os processos principais do negócio e processos de apoio? *Esta questão será avaliada pela equipe de visitadores após comparação com roteiro preenchido na visita anterior.*	(na)	(s)	(n)

Critério VII – Processos

Integração					
Item	Nível exig.	Requisito da qualidade			
96		As práticas assinaladas com (s) para os processos principais do negócio e processos de apoio estão integradas (são coerentes com a missão do hospital, existe uma relação entre elas e existe cooperação entre as áreas para que aconteçam). *Essa questão será avaliada pela equipe de visitadores por meio das informações trabalhadas durante a visita.*		(s)	(n)

7.2 *Processos de relacionamento com os fornecedores*

Este item trata do relacionamento com os fornecedores do hospital no que tange às matérias-primas, aos produtos, materiais ou serviços adquiridos.

Enfoque e aplicação					
Item	Nível exig.	Requisito da qualidade			
1		O hospital informa os fornecedores sobre o resultado de sua avaliação formal?		(s)	(n)
2	**	O controle dos contratos dos serviços terceirizados contempla:		(s)	(n)
		1. licença de funcionamento?	( )		
		2. cadastros da força de trabalho?	( )		
		3. manuais de rotinas e procedimentos?	( )		
		4. registros de treinamentos?	( )		
		5. escalas de trabalho?	( )		
		6. documentação relacionada com a saúde ocupacional?	( )		
		7. requisitos e/ou metas desejadas pelo hospital?	( )		
		8. declaração de regularidade com os requisitos legais aplicáveis as questões socioambientais?	( )		
		9. cronograma de manutenção preventiva de equipamentos?	( )		
		10. supervisão do processo?	( )		
		11. solidez financeira?	( )		
		12. não usar mão de obra infantil ou escrava?	( )		

Manual de gestão hospitalar

Critério VII – Processos

Aprendizado					
preenchidos a partir da avaliação anterior – no caso de primeira visita assinalar **(na)**					
Item	Nível exig.	Requisito da qualidade			
3		Existem melhorias para pelo menos uma das práticas assinaladas com (s) para os processos de relacionamento com os fornecedores? *Esta questão será avaliada pela equipe de visitadores após comparação com roteiro preenchido na visita anterior.*	(na)	(s)	(n)

Integração					
Item	Nível exig.	Requisito da qualidade			
4		As práticas assinaladas com (s) para os processos de relacionamento com os fornecedores estão integradas (são coerentes com a missão do hospital, existe uma relação entre elas e existe cooperação entre as áreas para que aconteçam)? *Esta questão será avaliada pela equipe de visitadores por meio das informações obtidas durante a visita.*		(s)	(n)

7.3 Processos econômico-financeiros

Este item trata do gerenciamento das finanças do hospital.

Enfoque e aplicação					
Item	Nível exig.	Requisito da qualidade			
1		É feita uma previsão de despesas?		(s)	(n)
2		É feita uma previsão de receitas?		(s)	(n)
3	*	É feito o acompanhamento da execução das despesas?		(s)	(n)
4		É feito o acompanhamento da execução das receitas (captação de recursos)?		(s)	(n)
5		O hospital tem a informação sobre o custo dos itens consumidos nas suas unidades (sistema de custo)?		(s)	(n)
6		O hospital tem indicadores para monitorar seu processo econômico-financeiro?		(s)	(n)
7		A aquisição de equipamentos está alinhada com as estratégias do hospital?		(s)	(n)
8		O plano diretor de reforma das áreas físicas está alinhado com as estratégias do hospital?		(s)	(n)

Roteiro de avaliação – Programa CQH   205

Critério VII – Processos

Enfoque e aplicação					
Item	Nível exig.	Requisito da qualidade			
9		É feito o acompanhamento da alocação de recursos para a execução dos planos de ação?		(s)	(n)
10	**	É feita uma análise de viabilidade econômica para o lançamento de novos produtos e/ou serviços?		(s)	(n)
11		O hospital avalia a relação entre sua produção e seus custos?		(s)	(n)

Aprendizado					
preenchidos a partir da avaliação anterior – no caso de primeira visita assinalar **(na)**					
Item	Nível exig.	Requisito da qualidade			
12		Existem melhorias para pelo menos uma das práticas assinaladas com (s) para os processos econômico-financeiros? *Esta questão será avaliada pela equipe de visitadores após comparação com roteiro preenchido na visita anterior.*	(na)	(s)	(n)

Integração					
Item	Nível exig.	Requisito da qualidade			
13		As práticas assinaladas com (s) para os processos econômico-financeiros estão integradas (são coerentes com a missão do hospital, existe uma relação entre elas e existe cooperação entre as áreas para que aconteçam)? *Esta questão será avaliada pela equipe de visitadores por meio das informações obtidas durante a visita.*		(s)	(n)

206 Manual de gestão hospitalar

Tabela de pontuação	
Critério	Pontuação máxima
P. Perfil	**5**
I. Liderança	**10**
1.1 Governança corporativa	3
1.2 Exercício da liderança e promoção da cultura da excelência	4
1.3 Análise do desempenho do hospital	3
II. Estratégias e planos	**4**
2.1 Formulação das estratégias	2
2.2 Implementação das estratégias	2
III. Clientes	**5**
3.1 Imagem e conhecimento de mercado	3
3.2 Relacionamento com clientes	2
IV. Sociedade	**5**
4.1 Responsabilidade socioambiental	3
4.2 Desenvolvimento social	2
V. Informações e conhecimento	**10**
5.1 Informações do hospital	5
5.2 Informações comparativas	4
5.3 Ativos intangíveis e conhecimento organizacional	1
VI. Pessoas	**10**
6.1 Sistemas de trabalho	3
6.2 Capacitação e desenvolvimento	4
6.3 Qualidade de vida	3

Tabela de pontuação	
Critério	Pontuação máxima
VII. Processos	**11**
7.1 Processos principais do negócio e processos de apoio	6
7.2 Processos de relacionamento com os fornecedores	2
7.3 Processos econômico-financeiros	3
VIII. Resultados	**40**
8.1 Resultados econômico-financeiros	8
8.2 Resultados relativos aos clientes e ao mercado	10
8.3 Resultados relativos à sociedade	2
8.4 Resultados relativos às pessoas	8
8.5 Resultados dos processos principais do negócio e dos processos de apoio	10
8.6 Resultados relativos aos fornecedores	2
Total	**100**

Referências

AIDAR, M. M. A institucionalização da gestão e do desempenho organizacional por meio do Prêmio Nacional da Qualidade. Tese (Doutorado em Administração de Empresas) – Escola de Administração de Empresas de São Paulo da Fundação Getulio Vargas, São Paulo, 2003.

AKAO, Yoji. (Ed.). *Hoshin Kanri*: policy deployment for successful TQM. New York: Productivity Press, 1991.

ASSOCIAÇÃO PAULISTA DE MEDICINA; CONSELHO REGIONAL DE MEDICINA DO ESTADO DE SÃO PAULO. *Programa de controle da qualidade do atendimento médico-hospitalar do Estado de São Paulo*: manual de orientação aos hospitais. São Paulo: APM, 1994. 79 p.

BALDRIGE NATIONAL QUALITY PROGRAM. *Criteria for performance excellence*. Gaithersburg, MD: Baldrige Natl. Quality Program, 2006.

BLAZEY, M. L. *Insights to performance excellence 2005*. Milwaukee, WI: American Society for Quality Press, 2005.

BROWN, M. G. *Baldrige award winning quality*: how to interpret the Baldrige criteria for performance excellence. 14. ed. Milwaukee, WI: American Society for Quality Press, 2006.

BURMESTER, H. (Org.). *Modelo de gestão hospitalar do CQH*: livro de casos práticos. 2. ed. São Paulo: Yendis, 2009.

_____; PEREIRA, J. C. R; SCARPI, M. J. Modelo de gestão para organizações de saúde. *Revista de Administração em Saúde*, v. 9, n. 37, out./dez. 2007.

CIPRIANO, S. L.; PINTO, V. B.; CHAVES, C. E. *Gestão estratégica em farmácia hospitalar*: aplicação prática de um modelo de gestão para a qualidade. São Paulo: Atheneu, 2009.

COLLINS, James C.; PORRAS, Jerry I. *Feitas para durar*: práticas bem-sucedidas de empresas visionárias. 9. ed. Rio de Janeiro: Rocco, 2000.

COMPROMISO COM A QUALIDADE HOSPITALAR (CQH). Manual de orientação aos hospitais participantes. 3. ed. São Paulo: Atheneu, 2003.

_____. *Manual de indicadores de enfermagem Nageh*. São Paulo: CQH, 2006.

_____. *Segundo caderno de indicadores*. São Paulo: CQH, 2007. Mimeo.

_____. *Rumo à excelência*: critérios para a avaliação do desempenho e diagnóstico organizacional. Prêmio Nacional da Gestão em Saúde (ciclo 2008-2009). São Paulo: CQH, 2008.

DE GEYNDT, W. Managing the quality of healthcare in developing countries. *W. B. Technical Papers*, n. 258, Washington, DC: World Bank Publications, 1995.

DONABEDIAN, A. The seven pillars of quality. *Arch Path Lab Med*, v. 114, n. 11, p. 1115-1118, 1990.

DRUCKER, P. *O gerente eficaz em ação*. Rio de Janeiro: LTC, 2007.

EUROPEAN FOUNDATION FOR QUALITY MANAGEMENT. *Avaliar a excelência*: um guia prático para o sucesso no desenvolvimento, implementação e revisão de uma estratégia de autoavaliação nas organizações. Bruxelas: European Foundation for Quality Management, 2003a.

_____. *O modelo de excelência da EFQM*: versão grandes empresas, unidades operacionais e de negócio. Bruxelas: European Foundation for Quality Management, 2003b.

_____ *O modelo de excelência da EFQM*: versão pequenas e médias empresas. Bruxelas: European Foundation for Quality Management, 2003c.

_____. *O modelo de excelência da EFQM*: versão setores público e voluntário. Bruxelas: European Foundation for Quality Management, 2003d.

_____. *The fundamnetal concepts of excellence*. Brussels: European Foundation for Quality Management, 2003e.

FELICISSIMO, Angelo. *CQH – Programa de controle da qualidade do atendimento médico-hospitalar*: manual de orientação aos hospitais participantes. 3. ed. São Paulo: Atheneu, 2002.

FERREIRA, Aurélio Buarque de Holanda. Novo Dicionário Aurélio da Língua Portuguesa. 4. ed. Curitiba: Positivo, 2009.

FUNDAÇÃO NACIONAL DA QUALIDADE (FNQ). *Relatório de gestão da Santa Casa de Porto Alegre*. São Paulo: FNQ, 2002.

_____. *Introdução ao modelo de excelência da gestão*. São Paulo: FNQ, 2007a. Série Cadernos de Excelência. Disponível em: <www.fnq.org.br/site/806/default.aspx>. Acesso em: nov. 2011.

_____. *Liderança*. São Paulo: FNQ, 2007b. Série Cadernos de Excelência. Disponível em: <www.fnq.org.br/site/806/default.aspx>. Acesso em: nov. 2011.

_____. *Estudo de empresas Serasa*. São Paulo: FNQ, 2007c. Disponível em: <www.fnq.org.br/site/806/default.aspx>. Acesso em: nov. 2011.

_____. *Estratégias e planos*. São Paulo: FNQ, 2007d. Série Cadernos de Excelência. Disponível em: <www.fnq.org.br/site/806/default.aspx>. Acesso em: nov. 2011.

_____. *Benchmarking*: relatório do Comitê Temático. São Paulo: FNQ, 2007e. Disponível em: <http://www.fnq.org.br/site/774/default.aspx>. Acesso em: nov. 2011.

_____. *Pessoas*. São Paulo: FNQ, 2007f. Série Cadernos de Excelência. Disponível em: <www.fnq.org.br/site/806/default.aspx>. Acesso em: nov. 2011.

_____. *Processos*. São Paulo: FNQ, 2007g. Série Cadernos de Excelência. Disponível em: <www.fnq.org.br/site/806/default.aspx>. Acesso em: nov. 2011

_____. *Resultados*. São Paulo: FNQ, 2007h. Série Cadernos de Excelência. Disponível em: <www.fnq.org.br/site/806/default.aspx>. Acesso em: nov. 2011.

_____. *Clientes*. São Paulo: FNQ, 2007i. Série Cadernos de Excelência. Disponível em: <www.fnq.org.br/site/806/default.aspx>. Acesso em: nov. 2011.

_____. *Sociedade*. São Paulo: FNQ, 2007j. Série Cadernos de Excelência. Disponível em: <www.fnq.org.br/site/806/default.aspx>. Acesso em: nov. 2011.

_____. *Informações e conhecimento*. São Paulo: FNQ, 2007l. Série Cadernos de Excelência. Disponível em: <www.fnq.org.br/site/806/default.aspx>. Acesso em: nov. 2011.

_____. *Critérios de excelência 2008*: o estado da arte da gestão para a excelência do desempenho e para o aumento da competitividade. São Paulo: FNQ, 2008a.

_____. *Critérios-compromisso com a excelência e rumo à excelência 2008*: rede nacional de excelência. São Paulo: FNQ, 2008b.

GILMORE, C. M.; NOVAES, H. M. Manual de gerência da qualidade. Washington, DC: OPAS/Kellogg, 1997.

HAAS, M.; HANSEN, M. T. Different knowledge, different benefits: toward a productivity perspective on knowledge sharing in organizations. *Strategic Management Journal*, v. 28, p. 1133-1153, 2007.

HARDIE, N. The effects of quality on business performance. Milwaukee, WI: American Society for Quality Press, 1998.

HARRISON, M. I.; SHIROM, A. *Organizational diagnosis and assessment*: bridging theory and practice. Thousand Oaks, CA: Sage, 1999.

HENDRICKS, K. B.; SINGHAL, V. R. Firm characteristics, total quality management and financial performance. *Journal of Operations Management,* n. 19, p. 269-285, 2001.

212 Manual de gestão hospitalar

HUTTON, D.W. *From Baldrige to the bottom line*: a road map for organizational change and improvement. Milwaukee, WI: American Society for Quality Press, 2000.

JURAN, J. M. *Juran's quality handbook*. Nova York: McGraw-Hill, 1999.

KANTER, R. M. *Frontiers of management*. Boston, MA: Harvard Business Press, 1997.

KAPLAN, Robert S., NORTON, David P. *A estratégia em ação*: balanced scorecard. Rio de Janeiro: Campus, 1997.

KOTLER, Philip; FOX, Karen F. A. *Marketting estratégico para instituições educacionais*. São Paulo: Atlas, 1994.

_____. *Marketing management*: analysis, planning, implementation and control. 9. ed. Englewood Cliffs, NJ: Prentice Hall, 1997.

LATHAM, J.; VINYARD, J. *Baldrige user's guide*: organization diagnosis, design and transformation. Hoboken, NJ: John Wiley & Sons, 2006.

MC LAUGHLIN, C. P.; KALUZNY, A. D. *Continuous quality improvement in health care*: theory, implementation, and applications. Gaithersburg, MI: Aspen; 1994.

MIZUNO, S.; YOJI, A. (Eds.). *QFD*: the customer driven approach to quality planning and deployment. Tóquio: Asian Productivity Organization, 1994.

MOTTA, F. C. P.; VASCONCELOS, Isabella F. G. de. *Teoria geral da administração*. São Paulo: Pioneira Thomson Learning, 2002.

MULLIGAN, D.; SHAPIRO, M.; WALROD, D. Managing risk in healthcare. *The McKinsey Quarterly*, n. 3, p. 95-105, 1996.

NATIONAL INSTITUTE OF STANDARDS AND TECHNOLOGY. Malcolm Baldrige National Quality Award. *Mountainview health system*: case study. Gaithersburg, MI: Nist, 1995.

ORIVE, A. Total quality management from the Mexican perspective. *Total Quality Management Journal*, v. 11, n. 4, p. 754-761, 2000.

PENDLETON, D.; KING. J. Values and leadership. *British Medical Journal*, n. 325, p. 1352-1355, Dec. 7, 2002.

PRÊMIO NACIONAL DA GESTÃO EM SAÚDE (PNGS). *Critérios-compromisso com a excelência e rumo à excelência 2009-2010*. São Paulo: FNQ, 2009.

PROGRAMA NACIONAL DE GESTÃO PÚBLICA E DESBUROCRATIZAÇÃO/PQGF. Instrumento de avaliação da gestão pública: ciclo 2000. Brasília, DF: Ministério do Planejamento, 2000. 130 p.

ROTH, W; TALEFF, P. Health care standards: the good, bad, and the ugly in our future. *Journal for Quality and Participation*, v. 25, n. 2, p. 40-44, 2002.

SANDELOWSKI, M.; BARROSO, J. Classifying the findings in qualitative studies. *Quality Health Research*, v. 13, n. 7, p. 905-923, 2003.

SCOTT, W. R. et al. *Institutional change and healthcare organizations*. Chicago: The University of Chicago Press, 2000.

SENGE, P. *The fifth discipline*: the art and practice of the learning organization. New York: Doubleday; 1994.

VIANA, A. L. A.; SILVA, H. P. Economia e saúde. In: IBAÑEZ, Nelson; ELIAS Paulo Eduardo Mangeon; SEIXAS, Paulo Henrique D'Ângelo (Orgs.). *Política e gestão pública em saúde*. São Paulo: Hucitec/Cealag, 2011. p. 54-74.

Sites visitados

<www.ethos.org.br>

<www.fnq.org.br>

<www.efqm.org>

<www.cqh.org.br>

<www.hcnet.usp.br>

Glossário

Os conceitos e definições aqui apresentados não têm a pretensão de normalizar terminologia, refletindo, apenas, o significado dos termos utilizados pelo CQH quando da avaliação das unidades.

Alta direção: abrange os executivos ou líderes de escalões superiores, que compartilham a responsabilidade principal pelo desempenho e resultados da organização.

Análise crítica: verificação profunda e global de um projeto, produto, serviço, processo ou informação quanto a requisitos, objetivando identificar problemas e propor soluções.

Aplicação: disseminação e uso do enfoque pela organização.

Benchmarking: modelo para examinar em detalhe algum processo, prática de gestão ou produto da organização e compará-lo com um processo, prática ou produto similar que esteja sendo executado de maneira eficaz e eficiente, na própria ou em outra, visando a implementação de melhorias significativas.

Capital intelectual: conjunto de ativos intangíveis representados pelo acervo de conhecimentos e geradores do diferencial competitivo; agregam valor à organização. O capital intelectual pode abranger, entre outros:

- ativos de mercado: potencial que a empresa possui em decorrência dos intangíveis relacionados ao mercado, tais como: marca, clientes, lealdade dos clientes, negócios recorrentes, canais de distribuição, franquias etc.;

- ativos humanos: benefícios que o indivíduo pode proporcionar às organizações por meio de sua *expertise*, criatividade, conhecimento, habilidade para resolver problemas, tudo visto de forma coletiva e dinâmica;

- atividades de propriedade intelectual: aqueles que necessitam de proteção legal para proporcionar benefícios às organizações, tais como: *know-how*, segredos industriais, *copyright*, patentes, *designs* etc.;

- ativos de infraestrutura: tecnologias, metodologias e processos empregados, como sistema de informação, métodos gerenciais, bancos de dados etc.

Cliente: destinatário dos produtos da organização. Pode ser uma pessoa física ou jurídica. É quem adquire (comprador) ou quem utiliza o produto (usuário/consumidor).

Comparação com as melhores práticas: processo contínuo de comparação de práticas de gestão, que pode incluir a comparação de estratégias, procedimentos, operações, sistemas, processos, produtos e serviços. Essa comparação é feita com organizações líderes reconhecidas no mercado, inclusive com líderes de ramos de atividade diferentes dos da organização, para identificar as oportunidades de melhoria do desempenho.

Competência: mobilização de conhecimentos (saber), habilidades (fazer) e atitudes (querer) necessários ao desempenho de atividades ou funções, segundo padrões de qualidade e produtividade requeridos pela natureza do trabalho.

Controle: métodos utilizados para verificar se os padrões de trabalho das práticas de gestão estão sendo cumpridos, estabelecendo prioridades, planejando e implementando ações de correção, quando necessário.

Conhecimento: é constituído pela tecnologia, pelas políticas, pelos procedimentos, pelas bases de dados e documentos, bem como pelo conjunto de experiências e habilidades da força de trabalho. É gerado como resultado da análise das informações coletadas pela organização.

Correlação de indicadores: envolve o estabelecimento de uma relação de causa e efeito entre os indicadores, em que os resultados de um influenciam os demais.

Desdobramento: ato de desenvolver, estender, abrir, aprofundar ou fracionar uma prática de gestão, um plano de ação, uma diretriz estratégica ou um enfoque.

Desempenho: resultados obtidos a partir dos principais indicadores de processos e de produtos, que permitem avaliá-los e compará-los em relação às metas, aos padrões, aos referenciais pertinentes e a outros processos e produtos.

Desempenho superior: ocorre quando o resultado comparado com referenciais pertinentes é melhor que o desses referenciais. Mais comumente, os resultados expressam satisfação, insatisfação, eficiência e eficácia, e podem ser apresentados em termos financeiros ou não.

Desempenho global: síntese dos resultados relevantes para a organização como um todo, levando-se em consideração todas as partes interessadas. É o desempenho planejado pela estratégia da organização.

Diretrizes organizacionais: conjunto de orientações que a organização deve seguir, por exemplo, missão, visão, políticas e códigos de conduta.

Disponibilidade da informação: um dos aspectos relativos à segurança das informações que assegura que os usuários autorizados terão acesso a elas sempre que necessário.

Glossário   217

Enfoque: como uma organização trata os requisitos dos itens, ou seja, os métodos e os processos que utiliza.

Estratégia: caminho escolhido para posicionar a organização de forma competitiva e garantir sua continuidade no longo prazo, com a subsequente definição de atividades e competências inter-relacionadas para adicionar valor de maneira diferenciada às partes interessadas. É um conjunto de decisões que orienta a definição das ações a serem tomadas pela organização. As estratégias podem conduzir a novos produtos, novos mercados, crescimento das receitas, redução de custos, aquisições, fusões e novas alianças ou parcerias. Podem ser dirigidas a tornar a organização um fornecedor preferencial, um produtor de baixo custo, um inovador no mercado e/ou um provedor de serviços exclusivos e individualizados. As estratégias podem exigir (ou depender de) que a organização desenvolva diferentes tipos de capacidades, tais como agilidade de resposta, individualização, compreensão do mercado, manufatura enxuta ou virtual, rede de relacionamentos, inovação rápida, gestão tecnológica, alavancagem de ativos e gestão da informação.

Estrutura de cargos: aspecto relacionado com a responsabilidade, a autonomia e as tarefas atribuídas às pessoas, individualmente ou em grupo, sendo também conhecida como perfil de cargos, descrição de cargos, descrição de funções e perfil de funções.

Eventos-sentinela: queda da mesa cirúrgica, queimadura por uso de bisturi elétrico, erro no procedimento (por exemplo: amputação de membro errado, lesão irreversível de órgão, material cirúrgico deixado em cavidades, queda da cama com lesão, dieta enteral infundida em cateter venoso, erro de medicação que leve a sequela ou óbito, grave quebra de ética profissional, erros que levam a óbito ou sequela, bacteremia durante ou após NPP (nutrição parenteral, e outros.

Força de trabalho: pessoas que compõem uma organização e que contribuem para a consecução das suas estratégias, dos seus objetivos e das suas metas, tais como empregados em tempo integral ou parcial, temporários, autônomos e contratados de terceiros que trabalham sob a coordenação direta da organização.

Fornecedor: qualquer organização que forneça bens e serviços. A utilização desses bens e serviços pode ocorrer em qualquer estágio de projeto, produção e uso dos produtos. Assim, fornecedores podem incluir distribuidores, revendedores, prestadores de serviços terceirizados, transportadores, contratados e franquias, bem como os que suprem a organização com materiais e componentes. São também fornecedores os prestadores de serviços das áreas de saúde, treinamento e educação.

Indicadores: dados ou informações numéricas que quantificam as entradas (recursos ou insumos), saídas (produtos) e o desempenho de processos, produtos e da organização como um todo. Os indicadores são usados para acompanhar e melhorar os resultados ao longo do tempo e podem ser classificados em: simples (decorrentes de uma única medição) ou compostos; diretos ou indiretos em relação à característica medida; específicos (atividades ou processos específicos) ou globais (resultados pretendidos pela organização); e direcionadores (*drivers*) ou resultantes (*outcomes*).

Informações comparativas pertinentes: informações oriundas de referenciais selecionados de forma lógica, não casual. Podem ser representados por informações sobre resultados alcançados por outras organizações, assim como pela forma de funcionamento das práticas de gestão, e por características e desempenhos de produtos. Existem quatro tipos básicos de referencial: competitivo (por exemplo, informações dos concorrentes); similar (baseado em dados de organizações que, embora não sejam concorrentes, apresentam características similares de porte, tecnologia ou outras); de excelência (organização de reconhecida competência, "classe mundial"); e de grande grupo (dados baseados em muitas empresas não similares, obtidos, por exemplo, de grupo de *benchmarking*).

Metas: níveis de desempenho pretendidos para determinado período de tempo.

Missão: razão de ser de uma organização, necessidades sociais a que ela atende e seu foco fundamental de atividades.

Necessidades: conjunto de requisitos, expectativas e preferências dos clientes ou das demais partes interessadas.

Organização do trabalho: maneira pela qual as pessoas são organizadas ou se organizam em áreas formais ou informais, temporárias ou permanentes, tais como equipes de solução de problemas, equipes departamentais ou multidepartamentais, comitês, áreas funcionais, equipes de processos, equipes da qualidade, células ou grupos de trabalho e centros de excelência.

Padrão de trabalho: regras de funcionamento das práticas de gestão, que podem estar sob a forma de diretrizes organizacionais, procedimentos, rotinas de trabalho, normas administrativas, fluxogramas, quantificação dos níveis pretendidos ou qualquer meio que permita orientar a execução das práticas. O padrão de trabalho pode ser estabelecido tomando como critérios as necessidades das partes interessadas, as estratégias, requisitos legais, nível de desempenho de concorrentes, informações comparativas pertinentes, normas nacionais e internacionais, entre outros.

Partes interessadas: indivíduo ou grupo de indivíduos com interesse comum no desempenho da organização e no ambiente em que ela opera. A maioria das organizações possui as seguintes partes interessadas: (1) clientes, (2) força de trabalho,

(3) acionistas e os proprietários, (4) fornecedores e (5) sociedade. A quantidade e a denominação das partes interessadas podem variar em função do perfil da organização.

Planos de ação: principais propulsores organizacionais, resultantes do desdobramento das estratégias de curto e longo prazos. De maneira geral, os planos de ação são estabelecidos para realizar aquilo que a organização deve fazer benfeito, para que sua estratégia seja bem-sucedida. O desenvolvimento dos planos de ação é de fundamental importância no processo de planejamento, para que os objetivos estratégicos e as metas estabelecidas sejam entendidos e desdobrados para toda a organização. O desdobramento dos planos de ação requer uma análise do montante de recursos necessários e a adoção de medidas de alinhamento para todas as unidades de trabalho. O desdobramento pode também exigir a capacitação de algumas pessoas da força de trabalho ou o recrutamento de novas pessoas.

Práticas de gestão: atividades executadas regularmente com a finalidade de gerir uma organização de acordo com os padrões de trabalho. São também chamadas de processos de gestão, métodos ou metodologias de gestão.

Processo: conjunto de recursos e atividades inter-relacionadas que transformam insumos (entradas) em produtos (saídas). Essa transformação deve agregar valor na percepção dos clientes do processo e exige certo conjunto de recursos. Estes podem incluir pessoal, finanças, instalações, equipamentos, métodos e técnicas, numa sequência de etapas ou ações sistemáticas. O processo poderá exigir a documentação da sequência das etapas por meio de especificações, procedimentos e instruções de trabalho, bem como a definição adequada das etapas de medição e controle.

Produtividade: eficiência na utilização de recursos. Embora a palavra seja frequentemente aplicada a um só fator, como mão de obra (produtividade do trabalho), máquina, materiais, energia e capital, o conceito de produtividade também se aplica ao total dos recursos consumidos na obtenção de um produto. A produtividade global, também denominada fator de produtividade total, é calculada pela combinação da produtividade dos diferentes recursos empregados na obtenção de um produto. Essa combinação geralmente requer uma média ponderada dos indicadores de produtividade, compondo um só fator. Normalmente, os pesos atribuídos são proporcionais aos custos de cada recurso. A utilização de um indicador composto, como o fator de produtividade total, permite determinar se o efeito global das mudanças no processo é benéfico ou não, possivelmente envolvendo interação dos recursos. Enfoques eficazes para a gestão do desempenho requerem que a produtividade com um só fator ou a produtividade total seja compreendida e medida, especialmente quando o caso for complexo, existindo grande variedade de custos e de benefícios potenciais.

Produto: resultado de atividades ou processos. Considerar que:

- o termo produto pode incluir serviços, materiais e equipamentos, informações ou uma combinação desses elementos;
- um produto pode ser tangível (por exemplo, equipamentos ou materiais) ou intangível (por exemplo, conhecimento ou conceitos), ou uma combinação dos dois;
- um produto pode ser intencional (por exemplo, oferta aos clientes), ou não intencional (por exemplo, um poluente ou efeitos indesejáveis).

Qualidade: totalidade de características de uma entidade (atividade ou processo, produto, organização ou combinação desses), que lhe confere a capacidade de satisfazer as necessidades explícitas e implícitas dos clientes e demais partes interessadas.

Qualidade de vida: dinâmica da organização do trabalho que permite manter ou aumentar o bem-estar físico e psicológico da força de trabalho, com a finalidade de se obter total congruência entre as atividades desenvolvidas no trabalho e as demais atividades da sua vida, preservando a individualidade das pessoas e possibilitando seu desenvolvimento integral.

Recurso não renovável: é um recurso que o homem não pode reproduzir ou fabricar, como o petróleo e a água.

Recurso renovável: é um recurso que pode ser reproduzido ou fabricado, como a madeira.

Referencial de excelência: prática ou resultado considerado o melhor da classe. O termo também pode designar uma organização, processo ou produto, reconhecido como o melhor no mundo, no país, na região ou no ramo de atividade.

Requisitos: tradução das necessidades dos clientes ou das demais partes interessadas, expressas de maneira formal ou informal, em características objetivas para o produto ou sua entrega. Exemplos de requisitos incluem prazo de entrega, tempo de garantia, especificação técnica, tempo de atendimento, qualificação de pessoal, preço e condições de pagamento.

Resultados relevantes: são os resultados que auxiliam na mediação do desempenho do hospital para o cumprimento de sua missão e de sua visão. Por isso estão associados aos indicadores estratégicos das unidades.

Sistema de liderança: conjunto de atividades e práticas voltadas para o exercício da liderança, isto é, os procedimentos, os critérios e a maneira como as principais decisões são tomadas, comunicadas e conduzidas, em todos os níveis da organização.

Supervisão técnica: é o ato de orientar, guiar, dirigir, inspecionar (um trabalho), controlar e gerar resultados entre as equipes supervisionadas por profissional de nível qualificado.

Tendência: comportamento do conjunto de resultados ao longo do tempo. Para analisar a tendência é necessária a apresentação de um conjunto de, pelo menos, três resultados consecutivos. A frequência de medição deve ser coerente com o ciclo de aprendizado e deve ser adequada para apoiar as análises críticas e a execução de ações corretivas e de melhoria.

Valores organizacionais: entendimentos e expectativas que descrevem como os profissionais da organização se comportam e nos quais se baseiam todas as relações organizacionais.

Visão: estado que a organização deseja atingir no futuro. A visão busca propiciar o direcionamento dos rumos de uma organização.

Anexo – Exemplos de valores, missões, visões e políticas gerais

CQH

Valores:

ética;
autonomia técnica;
simplicidade;
voluntariado;
confidencialidade; e
enfoque educativo.

Missão:

"Contribuir para a melhoria contínua do atendimento médico-hospitalar, através de metodologia específica."

Hospital Taquaral[34]

Valores:

primazia pela qualidade e satisfação do cliente;
promoção do trabalho em equipe;
promoção da criatividade;
estímulo ao desenvolvimento pessoal e profissional;
confiança e respeito;
espírito comunitário; e
ética profissional.

---

[34] Hospital fictício descrito para ser usado como material de treinamento de avaliadores do PNQ.

Missão:

"Atender às necessidades e expectativas de nossos clientes e demais partes interessadas, prestando assistência médica com dignidade, eficiência e calor humano."

Visão:

"Ser reconhecida como a melhor instituição de saúde do pais, inovando continuamente na aplicação das melhores técnicas, no desenvolvimento das pessoas e na melhoria da qualidade de vida de nossa comunidade."

Hospital "X"[35]

Valores:

o cliente é o centro das atenções;
ambiente agradável de trabalho;
pensamento organizacional estratégico;
incentivo à profissionalização e à produção científica;
atualização tecnológica constante;
melhoria contínua: nosso compromisso com a qualidade;
valorização do potencial humano;
comportamento ético;
preservação da nossa historia e cultura;
responsabilidade social com a comunidade.

Missão:

"Prestar assistência médico-hospitalar à mulher e ao recém-nascido, proporcionando bem-estar e segurança à família, através de atendimento altamente especializado, tecnológico e humano, e contribuindo para o aprimoramento profissional e melhoria da qualidade de vida na comunidade."

---

[35] Hospital cuja identificação não foi autorizada.

Alergoclínica[36]

Missão:

"A Alergoclínica é uma clínica prestadora de serviços nas especialidades de alergia e dermatologia; dedicamo-nos integralmente à preservação e recuperação da saúde de nossos clientes, adotando padrões éticos e científicos, utilizando recursos técnicos compatíveis com nossas atividades e valorizando nossos recursos humanos em todos os níveis."

Hospital "Y"[37]

Valores:

humanização no atendimento: nossa prioridade;
qualidade na prestação de serviços: compromisso de todos;
honestidade e transparência acima dos interesses momentâneos;
respeito à igualdade de direitos e deveres;
remuneração adequada do capital e do trabalho;
comunicação: precisa e verdadeira;
aprimoramento contínuo e valorização do corpo médico e do nosso pessoal;
ética e parceria nas relações com clientes e fornecedores;
ambiente de trabalho seguro e saudável; e
preservação da instituição, sua história e seu patrimônio.

Missão:

"Prestar assistência ambulatorial e hospitalar à família, tendo em vista prevenir e manter a saúde da sociedade com dedicação, profissionalismo, tecnologia adequada e gestão eficaz, contribuindo para o aprimoramento técnico-científico e com a qualidade das gerações futuras."

---

[36] Clínica privada em São Paulo para atendimento em dermatologia e alergia. Autorizado o uso.
[37] Hospital cuja identificação não foi autorizada.

226 Manual de gestão hospitalar

Hospital "Z"[38]

Valores:

respeito e atenção ao cliente: o paciente em primeiro plano;
ambiente de trabalho saudável, harmonioso e cooperativo;
profissionalismo com simplicidade: eficácia organizacional;
valorização e integração das pessoas; e
história e imagem: patrimônio a preservar.

Missão:

"Prestar serviços médico-hospitalares para pessoas que buscam atendimento de qualidade em reabilitação e clínicas especializadas, com pessoal e equipes multidisciplinares qualificados, tecnologia de ponta, equipamentos e instalações adequadas e contribuindo para a formação profissional e a especialização médica.

Hospital do Sepaco[39]

Políticas básicas:

- usar a tecnologia apropriada ao nosso porte para obter o melhor desempenho e custo-benefício dos nossos serviços;
- os problemas devem ser submetidos à discussão aberta e as decisões tomadas em função da qualidade das ideias e não da posição das pessoas;
- as decisões, uma vez tomadas, sejam apoiadas e implementadas de forma disciplinada;
- as pessoas tenham uma remuneração justa e os benefícios essenciais considerados sua contribuição ao hospital e o mercado de trabalho;
- as pessoas mais capazes e dedicadas serão selecionadas para cada tarefa e função;
- não se fará crescimento e desenvolvimento à custa de endividamento externo não sustentado; e
- a burocracia deve ser limitada a um mínimo essencial, e as regras devem ser poucas, precisas, claras e, sobretudo, observadas.

---

[38] Hospital cuja identificação não foi autorizada.
[39] Hospital geral em São Paulo, privado sem fins lucrativo, pertencente ao setor fabricante de papel e artefatos de papel.